Christine Färber, Simone Unger
Alles auf Jetzt

Christine Färber
Simone Unger

ALLES AUF JETZT

Frauen Mitte 30
über Kinder, Sex
und Selbstverwirklichung

Ch. Links Verlag

Die Deutsche Nationalbibliothek verzeichnet diese Publikation
in der Deutschen Nationalbibliografie; detaillierte bibliografische
Angaben sind im Internet über www.dnb.de abrufbar.

1. Auflage, März 2017
© Christoph Links Verlag GmbH
Schönhauser Allee 36, 10435 Berlin, Tel.: (030) 44 02 32-0
www.christoph-links-verlag.de; mail@christoph-links-verlag.de
Umschlaggestaltung: Stephanie Raubach, Berlin
Satz: Nadja Caspar, Ch. Links Verlag, Berlin
Druck und Bindung: Druckerei F. Pustet, Regensburg

ISBN 978-3-86153-944-5

INHALT

ALLES AUF JETZT

Eine leere Straße kurz nach Mitternacht: Der Asphalt ist an manchen Stellen aufgerissen, wir buckeln unsere Räder über die brüchigen Kanten. Wir mögen es, unsere Fahrräder zu schieben. Manchmal verhaken sich die Lenker, und wir straucheln. Doch wir sind Komplizinnen des Schiebens – egal wie misstrauisch man uns dabei beobachtet. Wir sind Mitte 30. Und wir mögen diese Art von Verspieltheit, die nichts Kindliches mehr an sich hat. Auf leichte Weise sind wir bereits verschroben, auch wenn man uns das noch nicht ansieht.

»Die 35 ist ein Drachen«, sagt die Komplizin. Wir sind auf dem Heimweg von einer Geburtstagsfeier. Wir waren fast die Letzten. Kaum jemand hat sich stark betrunken, niemand, der die Chips auch nur angerührt hätte. Geraucht haben wir schließlich in Socken im Hausflur. Ist der 35. Geburtstag das heimliche Ende unserer Jugend? Sollten wir ab jetzt keine kurzen Röcke mehr anziehen, bevor es peinlich wird? Uns vernünftig schminken, mehr Schmuck tragen und endlich heiraten, wen auch immer? Erwachsenwerden, meint sie das? Die Komplizin schüttelt den Kopf, dann hält sie plötzlich an und beugt ihn in meine Richtung. Siehst du das? Na klar. Wir haben schon mehr als ein paar graue Haare. Die Erfahrungen beginnen ihre Spuren zu hinterlassen. Wenn wir morgens aufstehen, braucht die Müdigkeit ein wenig länger, bis sie sich aus unseren Gesichtern schleicht. Und manchmal bleibt sie neuerdings den ganzen Tag. Wir sind noch nicht alt, und doch ein sichtbares klein wenig gealtert. Anders als noch mit Mitte 20, als wir die Grenzen unserer

Körper genauso wenig spürten wie die Grenzen unserer Möglichkeiten, packt uns nun ein bislang unbekanntes Verlangen – eine Sehnsucht nach Entscheidungen. Weil wir zum ersten Mal begreifen, dass wir nicht mehr jung sind. Wir vertrauen nicht mehr darauf, dass sich alles von allein ergeben wird. Wir überlassen uns nicht mehr leichtfüßig dem Schicksal. Wir fürchten, andere könnten über unser Leben entscheiden, wenn wir die Dinge einfach laufen lassen. So kommt es, dass uns in dieser Herbstnacht ein kühler Hauch im Nacken streift bei dem Gedanken, dass unser Leben rein rechnerisch betrachtet schon fast zur Hälfte vorbei ist. Und wenn wir es jetzt nicht endlich in die Hand nehmen, wann dann?

Es war eine typische Pärchenparty. Manche von ihnen haben inzwischen ein Kind, andere sind gerade dabei, eins zu planen: »Wir passen einfach nicht mehr auf!« Wir fragen uns, ob es sich in diesem Kreise schickt, von Sex auch ohne Reproduktionsabsicht zu sprechen, und bleiben still. Andere haben ihre Wohnung vergrößert und erzählen, wie sie die Wand zur Nachbarwohnung durchbrochen haben. Das Geld reicht nicht, aber darüber wird nicht gesprochen. Ein anderes Paar, das sich vergangenes Jahr getrennt hat, ist offensichtlich wieder zusammen. Sie haben sich in der Sauna wiedergetroffen. Ich bin mir nicht sicher, ob die beiden Liebe mit Sicherheitsbedürfnis verwechseln. Aber wer kann das schon voneinander trennen: Gefühle und Bedürfnisse. Am Ende reden alle über selbstgemachte Marmelade. Vielleicht ist es nichts weiter als die ständige Angst, das echte, verdiente Leben zu verpassen, wenn wir jetzt keine Entscheidung fällen. Was uns auch antreiben mag: Vermutlich sind es doch die Taten, die zählen, und nicht die Motive.

Die Komplizin schiebt in Richtung Bordsteinkante. Wir sind fast zu Hause. Seit geraumer Zeit überlegt sie, ob sie noch einmal studieren soll. Psychologin wollte sie werden, mit Anfang 20, als sie Sigmund Freud gelesen hat. Sie studierte dann Germanistik, arbeitet jetzt als freie Journalistin und fühlt sich unterfordert. Das Gefühl, die wahren Talente noch gar nicht entdeckt zu haben, lässt sie schlecht schlafen im Moment. Aber jetzt noch einmal zur Uni gehen? In Seminarräumen hocken, Hausarbeiten schreiben, für Prüfungen lernen, immer umgeben von wesentlich Jüngeren? Von ihrem Traum bleiben im Moment nur die Zweifel übrig. Sie fragt sich, ob sie genug Willenskraft, Ausdauer und Geld aufbringen könnte für so einen zweiten Start. Man liest zwar ständig von verheißungsvollen Neuanfängen. Doch was passiert, wenn sie nicht gelingen? Darüber spricht niemand. Was also tun?

35 zu werden heißt, unsere Träume und Wünsche noch einmal genau anzuschauen. Es ist eine Zeit der Selbstfindung, die nichts mehr gemein hat mit jener jugendlichen Emphase Anfang 20, als die Zukunft groß, wild und vor allem sehr weit weg zu sein schien. Das Leben hatte da noch gar nicht richtig angefangen. Doch jetzt, mit Mitte 30, haben wir schon ein Stück des Weges hinter uns gebracht. Wir haben Entscheidungen getroffen und spüren deren Konsequenzen. Wir haben uns für einen Beruf entschieden, ein paar Reisen gemacht, mehrere Menschen geliebt, Freunde gefunden und manche aus den Augen verloren. Wir wissen, wie man umzieht und wo man anruft, wenn die Spülmaschine kaputt ist. Wir wissen, dass die Zeit erbarmungslos vergeht und mit ihr der Kummer, und können uns dennoch nie darauf verlassen. Wir haben uns vor Krankheit gefürchtet und vor permanenter Einsamkeit. Wir haben ein paar Chancen verpasst und ein paar genutzt. Und wir haben ziemlich genaue Vorstellungen davon, was wir auf keinen Fall sein wollen: abhängig.

Aber wie gelingt es uns, Verantwortung für unser Glück zu übernehmen? Diese Frage stellt sich mit Mitte 30 auf eine aufregend pragmatische Art. Denn »verantwortlich« zu sein heißt, sich selbst inzwischen gut genug zu kennen, um zu wissen, dass der Traum vom selbst ausgebauten Gemeinschaftshaus besser ein Traum bleibt, wenn man keine Lust hat, in den besten Jahren zwischen Gipsplatten und Dixiklo zu hausen. Verantwortlich zu sein bedeutet einschätzen zu können, ob man auch in fünf Jahren noch gern in eine Wohnung nach Hause kommt, in der niemand wartet. Und es heißt auch einzuschätzen, wie glücklich wir sein können, gerade wenn sich unser individueller Lebensentwurf von der konventionellen Glücksvorstellung einer harmonischen Kleinfamilie unterscheidet. Natürlich klingt es verlockend, mit 35 die Koffer zu packen und nach New Orleans zu ziehen. Natürlich kann es toll sein, einen Neuanfang zu wagen, sich den Traum vom eigenen Modelabel oder vom Leben als Reisejournalistin zu verwirklichen. Doch sind wir diesen Träumen überhaupt gewachsen? Welche Träume wollen wir verwirklichen und welche sollten wir besser weiter träumen? Oder sollten wir doch alles wagen, ohne Rücksicht auf die Angst vor dem Scheitern? Nur: Wie greift man nach den Sternen?

Natürlich liegen all diese Fragen mehr oder weniger immer auf dem Tisch, unabhängig vom Alter. Doch als wir in dieser Novembernacht auf dem Weg nach Hause sind, spüren wir eine bislang unbekannte Dringlichkeit. Zum ersten Mal packt uns das Gefühl, dass wir nicht mehr viel Zeit haben, wenn wir unsere Träume erfüllen wollen. Das klingt apokalyptisch und übertrieben und ja, vielleicht sind wir auch noch ein wenig berauscht vom Wein. Doch wir können nicht verleugnen, dass uns allmählich eine der wichtigsten Fragen im Leben einer Frau bedrängt: Wollen wir Mütter sein?

Jede Frau, die jetzt noch keine Kinder hat, wird mit dieser Frage konfrontiert. Egal ob sie beim Frauenarzt zur Routineuntersuchung gehen muss oder mit ihren Kolleginnen in der Kantine sitzt. Ohne Kinderwunsch befinden sich Frauen mit Mitte 30 langsam jenseits der gefühlten Norm. Und die Situationen, in denen die Gesellschaft uns dieses Anderssein spiegelt, häufen sich jetzt merklich. Die Eltern hoffen, die Kolleginnen ermuntern, die Freundinnen zweifeln vielleicht auch, sind unsicher. Auch wenn sie nicht ausgesprochen werden, so sind sie doch präsent, die Erwartungen, die an das »natürliche Wesen der Frau« gestellt werden. Schließlich nimmt die Fruchtbarkeit ab 35 rapide ab, der Stoffwechsel verlangsamt sich. Der Körper produziert weniger Hormone. Wer jetzt noch kinderlos ist, muss sich Gedanken machen, wie stark der Wunsch wirklich ist oder wie er sich ganz konkret erfüllen lässt.

Am Anfang dieses Projektes stand die These, dass die meisten Frauen mit Mitte 30, unabhängig von Gesellschaftsschicht, Bildungs- und Familienstand, an einem ganz besonderen Punkt in ihrem Leben stehen. Denn die Themen, die verhandelt werden, sind weniger individuell, als die Biografien vermuten lassen. Und dabei geht es nicht nur um die Frage, ob wir unser Leben mit Kindern oder ohne gestalten, sondern auch darum, wie wir uns in den besten Jahren wahrnehmen und fühlen. Wir haben Frauen getroffen, die sich mit Mitte 30 erst von ihren Eltern und deren Erwartungen gelöst haben. Frauen, die sich vom Idealbild als Mutter und erfolgreiche Karrierefrau verabschiedet haben. Frauen, die nicht länger auf einen günstigen Moment hofften, sondern ihren beruflichen Traum in Angriff genommen haben – obwohl er finanzielle Unsicherheit bedeutet. Wir haben Frauen kennengelernt, die im falschen Körper geboren wurden, und Frauen, die mit Mitte 30 auf ein zweites Wunder hoffen.

In diesem Buch kommen 15 Frauen aus ganz Deutschland zu Wort. Frauen aus unterschiedlichen gesellschaftlichen Schichten und mit unterschiedlicher Herkunft. Egal ob aus Halle oder Hannover, als kinderlose Akademikerin oder alleinerziehende Versicherungsangestellte. Wichtig war allein, dass unsere Gesprächspartnerinnen von einer Veränderung erzählen: Sei es im Beruf oder in der Familie. Sei es das Verhältnis zu den Eltern oder das Gefühl für den eigenen Körper. Sei es das Jahr der Trennung oder der Versöhnung. Wir haben keine feste Vorauswahl getroffen und keinen standardisierten Fragenkatalog entworfen. Wir haben nur darauf geachtet, dass alle Frauen tatsächlich genau Mitte 30, also 35 Jahre alt sind, aus verschiedenen Regionen kommen und verschiedene Berufe erlernt haben. Dass es am Ende gerade diese 15 geworden sind, hat vor allem mit dem Vertrauen zu tun, das sie uns entgegengebracht haben. Ein Vertrauen, das entweder über den persönlichen Kontakt entstanden ist oder auch über den Wunsch, mit einem solchen Buch andere Frauen spüren zu lassen, dass man mit den Ängsten und Zweifeln in diesem Lebensabschnitt nicht allein ist.

Egal welche Aspekte es sind, die jene Frauen beschäftigen, hier sollen sie sich äußern, wie sie ihr Leben mit Mitte 30 wahrnehmen und welche Herausforderungen auf sie gewartet haben. Diese Gespräche sollen nichts beweisen und nichts aufklären, sondern ein vielschichtiges Bild von Frauen in dieser Umbruchzeit zeigen. Es ist ein Buch, dem man beim Lesen insgeheim die eigene Geschichte hinzuzufügen beginnt und so in Resonanz tritt zu den persönlichen Vorstellungen von einem gelingenden Leben.

Wir sind nur zwei von vielen. Von knapp 500 000 Frauen, die laut Statistischem Bundesamt gerade 35 Jahre alt sind.

Unsere Lebenswege, Wünsche, Sehnsüchte und Ängste sind nicht repräsentativ für eine gesamte Generation. Und dennoch haben uns viele Frauen, mit denen wir gesprochen haben, zu diesem Buch ermutigt. Die meisten von ihnen teilen die Erfahrung, dass gerade das 36. Lebensjahr ein besonderes ist. Es ist vielleicht eine Art Schwitzhütten-Jahr, ein Jahr der Einkehr in die eigene Gefühlswelt, zurück zu den Träumen, die wir als Jugendliche hatten, hin zu jenen Wünschen, mit denen wir uns bis jetzt kaum befasst haben, weil die Zeit dafür noch nicht reif war. Es ist eine Phase des Nachdenkens darüber, was wir vorhaben in einem Leben, das in diesem Moment so prächtig vor uns liegt wie vielleicht niemals zuvor und niemals wieder.

Man muss mutig sein, selbst wenn man sich Mut nicht leisten kann.

Katarina, Galeristin, über Zweifel und Ängste auf dem Weg zum Traumberuf

Katarina wohnt allein in einer Drei-Zimmer-Wohnung in München. Als sie hier eingezogen ist, war sie noch mit ihrem Freund zusammen. Es war die erste gemeinsame Wohnung. Jetzt ist das Wohnzimmer ein Show-Room, denn statt Fenstern hat der große Raum ein Schaufenster und eine Glastür, die direkt vor das Haus auf den Gehweg führt. Im Sommer stellt sich Katarina eine Bank dorthin. Hier sitzt sie dann in der Sonne und raucht. An einem Samstag im Winter unterhalten wir uns lange in der kleinen Küche, drehen dabei viele Zigaretten, trinken Tee und essen Bananen. Katarina hat sich für das Interview ausnahmsweise frei genommen. Sie trägt Brille und einen hellgrauen Kapuzenpullover. Während wir sprechen, klingelt zwei Mal ihr Handy. Auch am Wochenende muss sie jederzeit ansprechbar sein. Es ist das erste Mal, stellt Katarina während unseres Gesprächs mehrfach erstaunt fest, dass sie ihren Werdegang chronologisch erzählt. Auch sie ist überrascht, in wie vielen verschiedenen Jobs sie schon gearbeitet hat. 1989 ist sie mit ihren Eltern und zwei Koffern aus Polen nach Deutschland eingewandert. Als erste Frau in der Familie schrieb sie sich nach dem Abitur an der Universität ein. Doch schnell merkte sie, dass sie das Übersetzungsstudium nicht glücklich machte. Sie brennt für die Kunst. Kurz vor ihrem 35. Geburtstag kündigt sie ihren sicheren Job und macht sich mit einer eigenen Galerie selbstständig.

Bis zu meinem zehnten Lebensjahr wollte ich Balletttänzerin werden. Ich habe meine Eltern regelrecht dazu getrieben, dass sie mich mit vier Jahren in die Ballettschule geschickt haben. Wir hatten eine sehr strenge Ballettlehrerin, so wie man sie sich aus Filmen vorstellt. Ich hatte totale Angst vor ihr, bin aber trotzdem gern hingegangen. Dreimal die Woche. Als wir dann im April 1989 nach Deutschland gekommen sind, konnten sich meine Eltern den Ballettunterricht nicht mehr leisten. Da habe ich gelitten.

Ich komme aus Südpolen, Schlesien, aus einem 2000-Seelen-Dorf. Es ging uns gut dort. Wir hatten ein wunderschönes Haus mit einem großen Anwesen, viele Tiere. Ich hatte eine sehr unbeschwerte Kindheit. Meine Eltern waren beide beruflich aktiv. In Deutschland haben sie bei null angefangen. Wir konnten ja nichts mitnehmen. Das war vor der Wende, und es durfte niemand mitkriegen, dass wir dauerhaft auswandern. Wir sind mit dem Nötigsten nach Deutschland, nach Bocholt, gekommen. Mein Vater hat jeden Job angenommen, damit Geld reinkommt. Am Anfang haben wir bei meinen Großeltern in einer Drei-Zimmer-Wohnung gewohnt. Meine Großeltern waren Deutsche, und wir waren sogenannte Spätaussiedler. In unserer ersten Wohnung war nichts außer einem Teppich. Geld spielte eine wahnsinnig große Rolle, weil es nie da war.

Meine Mutter hat als Übersetzerin gearbeitet und vorgeschlagen, dass ich das auch machen könnte. Ich fand das sehr reizvoll, eine Sprache und Landeskunde zu studieren. Die Sprachen waren klar: Polnisch und Englisch. 1999 konnte man das in drei Städten studieren. Ich wollte nach dem Abitur so weit weg wie möglich. Die Wahl fiel auf Leipzig. Ich erinnere mich noch, wie ich in Leipzig aus dem Zug gestiegen bin und gedacht habe: Ich will in diese Stadt.

Bei uns in der Familie war es meine Großmutter, die den

Clan zusammengehalten hat. Das hat sie auch gut gemacht. Sie war diejenige, die ganz konkrete berufliche Vorstellungen für mich hatte. Ich sollte Krankenschwester oder Altenpflegerin werden. Und da hat sie vor allem an sich gedacht, denn das wäre praktisch gewesen, jemanden in der Familie zu haben, der sich um die Alten kümmern kann. Und als ich aus Bocholt weggegangen bin, hat das zum Bruch geführt. Dieses Studium. Als ich im zweiten Semester gemerkt habe, dass das Übersetzen nicht das Richtige ist, war ich in der Klemme. Meine Eltern haben mich ja finanziell unterstützt. Mein Vater hatte noch einen zweiten Job angenommen. Da bricht man das Studium nicht einfach so ab. Ich war unheimlich desillusioniert. Das Studium war sehr ernüchternd, weil vor allem Vertragstexte übersetzt wurden. Autohandbücher oder Vertragstexte. Ich hätte diese Kurse eher bestanden, wenn ich ein Praktikum in der Autowerkstatt gemacht hätte. Und dann gab es für mich eine schicksalhafte Begegnung im Polnisch-Kurs. Das war mit einer Kommilitonin, die eigentlich Schauspielerin werden wollte. Sie hatte diesen ganzen Marathon an Vorsprechen hinter sich und wurde nicht genommen. Also hat sie angefangen, Slawistik zu studieren. Wir hatten beide das Gefühl, wir sind hier falsch. Und über sie habe ich Leute kennengelernt in Leipzig, die an der Hochschule für Grafik und Buchkunst studiert haben. Und plötzlich habe ich die Abende mit Leuten verbracht, die eine ganz andere Sicht auf die Dinge und eine andere Lebensweise hatten. Für mich, die aus einem kleinen polnischen Dorf kam, war das wie eine Offenbarung.

Ich war wie ein Schwamm, der alles aufgesogen hat. Ich fand ihren Blick aufs Leben faszinierend, nicht in geordneten Bahnen zu denken, mit Bausparvertrag ab der zehnten Klasse. Das waren Leute, denen andere Sachen wichtig waren, ohne Statusdenken, es ging um Intellektualität, um

Kunst. Und das hat mich zutiefst beeindruckt, weil ich in dem Moment wusste: Diese Leute will ich in meinem Leben, an diesen Menschen will ich mich orientieren.

Als ich 2000 zum Studium nach Leipzig kam, war die Stadt noch nicht sehr populär. Von meinen ehemaligen Mitschülern hatte ich eine Kiste Bananen zum Abschied gekriegt. Niemand konnte nachvollziehen, warum man in den Osten geht. Aber hier gab es diese wunderschönen Altbauwohnungen: 160 Quadratmeter, teilsaniert für eine lächerliche Miete, und natürlich konnten sich dann zwei Kunststudenten so eine Wohnung leisten. Ich habe zum ersten Mal Designermöbel gesehen, die zusammengekauft worden waren für ganz wenig Geld. Habe zum ersten Mal Wände ohne Raufasertapete angefasst. Und so absurd und albern das klingen mag: Das hat mich total beeindruckt. Ich kannte ganze Wohnzimmerlandschaften, in denen alles aus einem Guss war. Und plötzlich sah so eine eklektische Mobiliar-Zusammenstellung total gut aus.

Nach der Begegnung mit dieser Kommilitonin und den ersten Kontakten mit den Künstlerkreisen fingen auch die Ausstellungsbesuche an. Mir war sofort klar, dass ich einen Ausgleich zu diesem unheimlich uninspirierten Studium finden musste. Also fing ich an, Praktika zu machen. Ich habe mein erstes Erasmusjahr genutzt, um nach Krakau zu gehen, und war in dem Jahr drei Mal an der Uni, denn ich habe die ganze Zeit ein Praktikum im Goethe-Institut gemacht. Das war eine sehr wichtige Zeit für mich. Ich habe mich ja nie damit auseinandergesetzt, was man in diesen Bereichen beruflich machen könnte. Ich kannte nur das Bild des brotlosen Künstlers. Aber dass es da Kunsthistoriker gibt, dass es da Museums- und Institutsleute gibt, das war mir nicht klar. Und der Leiter des Goethe-Instituts hat mich zum Glück sehr bestärkt, diesen Weg weiter zu gehen. Er sagte: »Mach dein Studium weiter, aber versuche parallel deine Fühler aus-zustrecken.« Und als ich dann aus Krakau wiedergekommen bin, war klar, dass ich das weitermachen will.

Für mich hat sich nie die Frage gestellt, ob ich Künstlerin werde. Nie. Da fehlt mir echt was. Das einzig Kreative, was ich jemals gemacht habe, war Seidenmalerei. Ich bin zwar ein kreativer Mensch, aber um wirklich mit Leib und Seele Künstler zu sein, reicht es nicht. Das ist nichts, was man an-nimmt, sondern das ist da, naturgemäß gegeben. Ein Künst-ler hat keine Wahl. Das sind hochbegabte, hochsensible Menschen. Ich bin tatsächlich eher unaufgeregt.

Zurück in Leipzig hatte ich noch ein halbes Jahr Erasmus übrig. Italien hatte mich immer fasziniert, und da dachte ich dann: Gehst du nach Italien, lernst du Italienisch. Dort habe ich ein Praktikum in der Villa Massimo gemacht. Das war schon ziemlich am Ende des Studiums, ich hatte bereits die ersten Diplomprüfungen abgelegt. Nach zwei Monaten ha-ben wir erfahren, dass die Chefsekretärin der Villa Massimo schwanger war und auf Grund von Komplikationen nicht mehr arbeiten konnte. Ihre Stelle wurde ausgeschrieben, und ich wurde auf ihren Stuhl gesetzt. Da habe ich natürlich auch die Bewerbungen für diese Stelle gesehen. Die Frist verstrich aber, und ich habe mich gewundert, warum niemand einge-laden wurde. Bis die stellvertretende Direktorin zu mir kam und mich ganz salopp fragte, wo meine Bewerbung bliebe. So habe ich die Stelle bekommen und zwei Jahrgänge der Stipendiaten mitverfolgt: Architekten, Literaten, Musiker, bildende Künstler. Das war eine tolle Zeit für mich, in der ich viele interessante Menschen kennengelernt habe. Auch das habe ich wieder wie ein Schwamm aufgesogen, weil sich plötzlich für mich ein Berufsfeld ausgebreitet hatte, das ich auch nicht auf dem Schirm hatte – und das war der Beruf des Galeristen.

Ich bin nach Leipzig zurückgegangen, habe mir eine Wohnung gesucht und wollte wieder studieren. Nach vier Monaten bekam ich einen Anruf aus Rom vom Leiter der Villa Massimo. Er sagte, dass ein befreundeter Galerist nach Berlin zieht und Mitarbeiter sucht. Und wenn mir das wirklich ernst wäre mit dem Job, sollte ich da hingehen, egal wo ich gerade in meinem Leben stehe. Ich habe aufgelegt und mich gefragt, wie ich diese Entscheidung meiner Familie mitteilen kann. Ich war wahnsinnig aufgeregt vor dieser Konfrontation, hatte große Angst. Ich hatte dieses Gespräch acht Jahre vor mir hergeschoben. Das war für mich wirklich sehr schwer. Aber das Gute war, dass meine Eltern schon bemerkt hatten, dass mein Herz für etwas anderes schlägt als für den Beruf des Übersetzers. Die sind also nicht schockiert vom Glauben abgefallen, aber sie waren natürlich besorgt. In Polen ist es ja so, dass das Studium ein unglaubliches Ansehen hat. Es gab die Arbeiter der Faust und die der Stirn, und zu den Arbeitern der Stirn hat man immer hochgeschaut. Die hatten so eine Aura der Autonomie und des Respekts. Und meine Eltern haben gedacht »wenn sie das Studium in der Tasche hat, hat sie ausgesorgt«. Und ich habe ihnen immer erklärt, dass die Situation hier nicht die ist, die sie kennen. Und jetzt war ich plötzlich nur eine Abiturientin ohne Abschluss. Aber ich hätte das Studium keinen einzigen Tag länger ausgehalten. Meine Eltern waren für mich überraschend verständnisvoll, aber als meine Entscheidung der ganzen Familie mitgeteilt wurde, war das unschön. Trotzdem war das ganz wichtig für mich. Denn zum ersten Mal in meinem Leben hatte ich das Gefühl, dass ich für etwas einstehe, was ich unbedingt will. Und da war ich schon 27 Jahre alt. Ich hatte endlich für mich etwas gefunden, das ich wirklich machen wollte: Selbst wenn ich auf kein Familienfest mehr hätte kommen dürfen, ich hätte es riskiert.

Und dann bin ich nach Berlin gegangen und habe angefangen in dieser Galerie zu arbeiten. Die ersten Wochen und Monate waren sehr turbulent, weil ich mich da erst mal zurechtfinden musste. Ich musste quasi privat nebenbei noch Kunstgeschichte studieren, denn es kam am Anfang oft vor, dass die Besucher der Ausstellungen mehr über den Künstler wussten als ich. Ich musste mir sehr viel anlesen. Aber bei allen Schwierigkeiten, die ich im Job hatte, ist das nicht ins Gewicht gefallen. Ich habe mich in dieser Zeit wunschlos glücklich gefühlt. Es war klar, dass ich damit endlich die Möglichkeit bekam, das zu machen, was ich toll finde. Dabei war das ein riskanter Schritt. Es hätte auch sein können, dass mir nach zwei Wochen gekündigt wird, weil ich für die Arbeit ungeeignet bin. Ich hatte das vorher noch nie gemacht, das war alles vollkommen offen. Und dann hätte ich dagestanden – ohne alles. Das war ein Risiko, das war mir die ganze Zeit bewusst.

Ich habe knapp zwei Jahre dort gearbeitet. Ich hatte so eine große Freude daran entwickelt, mit Leuten über Kunst zu reden und auch zu sehen, wie Leute auf Kunst reagieren. Ich habe in den Jahren gemerkt, dass es kein Qualitätskriterium ist, ob jemand alles weiß oder nicht. Entscheidend ist, mit welcher Neugier und Wissbegierde man an eine Sache herangeht. Die wenigsten wissen, was gesunde Demut ist. Einen Respekt gegenüber den Dingen zu haben, die jemand schon geleistet hat, und zu wissen, wer man ist, was man kann und was man nicht kann und sich für eine Sache zu interessieren.

Warum bin ich gut in dem, was ich tue? Diese Frage habe ich mir so noch nie gestellt. Ich bin unglaublich empathisch – ich kann sehr sensibel auf Menschen reagieren. Ich kann sehr schnell Stimmungen und Schwingungen wahrnehmen, ich kann schon im Vorfeld erkennen, wo ein Konflikt entstehen könnte, und das ist in der Zusammenarbeit mit Künstlern von Vorteil. Denn so lässt man gar keine Situationen entstehen, in denen sie überfordert sind. Das garantiert aber natürlich nicht die Freude am Beruf. Nur weil man empathisch ist, heißt das ja nicht, dass man etwas zurückgewinnt. Für mich garantiert die langfristige Freude, dass Künstler etwas machen, was ich für mein Leben unglaublich bereichernd finde. Das hat sich entwickelt, das ist eine gewachsene Liebe, und ich bin so dankbar dafür, dass ich diese Möglichkeit bekommen habe, mir das zu erschließen.

Dass ich eine Frau bin, ist in dieser Branche nicht von Vorteil. Charme und Sexappeal sind vielleicht verkaufsfördernd, aber im Alltag eher ein Nachteil. Es ist schon erschreckend zu sehen, wie identisch die Galerien überall strukturiert sind: Es gibt den Galeristen und um ihn herum eine Schar von Frauen, die Mitarbeiterinnen. Wenn du als Frau in einer Galerie arbeitest, fragst du dich automatisch: »Was ist meine berufliche Perspektive?« Denn in jungen Galerien hast du in einem bestimmten Alter nichts mehr verloren. 2012 habe ich mich entschieden, nach München zu ziehen. Aus privaten Gründen. Da sind meine Eltern auf die Barrikaden gegangen, und wir haben uns wirklich gestritten. Das war natürlich zum einen die finanzielle Unsicherheit, und zum anderen entschied ich mich für einen Mann, mit dem sie nicht einverstanden waren. Ich bin auf keinen Fall mit einem leichten Gefühl gegangen. Zum ersten Mal habe ich keine berufliche, sondern eine private Entscheidung getroffen, und das war mit massiver Verunsicherung verbunden. Ich hatte zwar eine bestimmte Selbstsicherheit im Beruf erlangt, aber überhaupt keine Selbstsicherheit bei privaten Entscheidungen. Davor hatte ich große Angst.

Ich habe alles auf eine Karte gesetzt. Ich hatte gekündigt, ohne in München einen Job in Aussicht zu haben. Mein

Beruf war mir auch zu diesem Zeitpunkt wahnsinnig wichtig, aber ich hatte jahrelang eine Fernbeziehung geführt. Der Klassiker München – Berlin. Ich hatte gemerkt, dass die Beziehung an einem Punkt angekommen war, an dem es nicht weiterging. Wir hatten zwar als Paar alles ausgeschöpft, was innerhalb so einer Fernbeziehung möglich ist, aber bestimmte Sachen waren nie möglich. Dieser Zustand hielt schon einige Zeit an, und es war klar, wenn ich das auf eine ernsthafte Ebene heben möchte, komme ich nicht darum herum, diesen Schritt zu wagen. Und es war ganz klar, dass ich mich entscheiden muss. Wenn ich diese Beziehung will, muss ich nach München gehen. Er hatte zwei kleine Kinder und war gebunden.

Parallel zu meiner beruflichen Laufbahn hatte ich immer den Wunsch nach einer Beziehung und – sicher auch von zu Hause anerzogen – ein bestimmtes Familienbild, was ich auch gern in meinem Leben etablieren wollte. Ich habe mit 32 zum ersten Mal den Wunsch verspürt, beides in meinem Leben zu haben. Es ging da noch nicht um Kinder, aber wenigstens darum, für uns beide ein Zuhause zu schaffen.

Als ich dann in dem Auto Richtung München saß, war klar, dass es kein Zurück gibt. Ich fuhr nicht nur privat, sondern auch beruflich in eine unsichere Zukunft. Ich wusste überhaupt nicht, was mich erwartet, und so bin ich hier angekommen. Wir haben zusammen eine Wohnung bezogen, ich habe versucht einen Job zu finden. Das war sehr schwer, denn ich hatte keine Kontakte in München, ich konnte mit meinem Netzwerk aus Berlin und Leipzig hier nichts anfangen. In München gibt es knapp 80 Galerien, und der Großteil handelt mit moderner oder klassischer Kunst. Eher Kunsthandel. Es gibt nur wenige interessante zeitgenössische Galerien und kaum Stellenausschreibungen. Damit ich nicht in finanzielle Nöte käme und der Traum nicht schon vorbei war, bevor er überhaupt angefangen hatte, habe ich jeden nur denkbaren Job gemacht. Office, Sekretariat, auf alles habe ich mich beworben. Aber ich habe schnell gemerkt, dass alles, was man mir in Berlin als Vorteil ausgelegt hat, hier nur schlecht für mich ist. In den Bewerbungsgesprächen fand man es eher befremdlich, dass ich bisher alle zwei Jahre den Job gewechselt hatte und deshalb keine kontinuierliche Arbeitspraxis nachweisen konnte. Ich hatte keinen Studienabschluss. Und da habe ich schnell gemerkt, dass München anders funktioniert.

In der Zeit habe ich natürlich meine Entscheidung massiv hinterfragt. Klar hatten mein Freund und ich einen gemeinsamen Lebensmittelpunkt, aber ich wusste nicht, wovon ich die Rechnungen bezahlen sollte. Plötzlich haben unsere Gespräche eine andere Schärfe und Dringlichkeit bekommen. Da hat man sich relativ schnell und instinktiv positionieren müssen. Das war für mich in der Rückschau der Anfang vom Ende meiner Beziehung. Ich habe gemerkt, dass meine Erwartungen und Hoffnungen, die ich mit meinem Umzug verknüpft hatte, nicht mit mir Fuß fassen konnten.

In diesen ersten Monaten in München war ich total isoliert. Ohne Familie, Freunde und Job. Das war eine Einsamkeit, die offenbar auch mehr und mehr in meiner Beziehung herrschte. Das hat sich etwas entspannt, als ich nach fünf Monaten durch Glück und Zufall einen Job in einer Galerie gefunden habe, die es schon seit den siebziger Jahren gibt. Dort wurde tatsächlich noch auf der Schreibmaschine getippt. Es gab keine Datenbank, alle Adressen waren auf Karteikarten notiert, jegliche Korrespondenz wurde auf der Schreibmaschine mit Durchschlag geschrieben. Ich mochte das Geräusch, wenn die Schreibmaschine geklackert hat, es hat mich immer sehr beruhigt, aber ich wusste natürlich auch, was da die Herausforderung und meine Aufgabe ist.

In dieser Galerie stand damals die Unternehmensnachfolge im Raum. Je länger ich dort gearbeitet und diese Umstrukturierung vorangetrieben habe, desto mehr bin ich in das Blickfeld als potentielle Kandidatin geraten. Da war ich 34 Jahre alt. Und das hatte dann tatsächlich auch etwas mit meinem Alter zu tun. Ich fragte mich plötzlich: »Wo siehst du dich in fünf Jahren?« Das hatte ich zuvor nicht gemacht, da war es immer nur ums Lernen gegangen. Aber bei diesem Job habe ich gemerkt, dass ich zum ersten Mal alles Gelernte anwende. Ich habe gespürt, dass ich am Ende meiner Ausbildung bin. Ich habe plötzlich eine neue Selbstsicherheit in meinen Entscheidungen gefühlt, auch wenn das teure Entscheidungen waren. Aber ich habe gemerkt, dass ich kompetent bin. Ich habe nicht mehr nur alles wie ein Schwamm aufgesaugt, sondern aktiv gestaltet, und es hat sich die Frage gestellt, was ich damit machen will. Es war klar, dass ich das zeitnah entscheiden muss. Denn etwas Neues aufzubauen, bedarf Zeit und vor allem Energie. Und zu dem Zeitpunkt war ich noch in meiner Beziehung. Und ich musste auch die Kinderwunschfrage berücksichtigen. Denn anders als mit 20 fühlt sich mit Mitte 30 nicht mehr alles ewig an. Man hat plötzlich ganz konkrete Zahlen im Kopf und weiß, man muss sich jetzt entscheiden, wo man seine Energie reinstecken will.

All die Jahre war ich immer der Jungspund gewesen, und plötzlich merkte ich, dass es eine Generation unter mir gab. Leute, die jünger sind, die am gleichen Punkt im Leben stehen, beruflich oder privat, und die schon an mir vorbeigezogen sind. Das hatte ich vorher nie bewusst wahrgenommen. Hinzu kam, dass ich beruflich und privat nicht zufrieden war. Es war eine Zeit, in der ich nicht mehr bereit war, ungeachtet meiner eigenen Ressourcen und Kräfte nur noch zu investieren. Es musste etwas dazukommen, sonst wären die acht Jahre des Zurücksteckens, die Lehrjahre in den Galerien, umsonst gewesen. Ich habe gemerkt, was ich geleistet habe und was mich dieser Weg gekostet hat. Ich wusste, wenn ich etwas Neues auf die Beine stellen will, dann muss ich das jetzt machen.

Ich hätte die Möglichkeit gehabt, als Direktorin in der Galerie zu arbeiten, allerdings innerhalb eines Familienbetriebs. Das Angebot war sehr verlockend. Ich hätte keine finanziellen Probleme gehabt, ich hätte mich für die Sicherheit entscheiden können, und das ist in meiner Branche mehr als ein Superangebot. Wäre ich meine eigene Mutter, ich hätte mich wahrscheinlich dazu gezwungen, in der Galerie zu bleiben. Mit diesem Job hätte ich ausgesorgt, was in einer Stadt wie München nicht das Verkehrteste ist, weil man hier ja wirklich einen sehr großen finanziellen Druck hat. Aber dann habe ich festgestellt, dass selbst diese materielle Unsicherheit im Vergleich zu dem Wunsch, etwas Eigenes zu haben, nicht überwiegt, sondern ganz im Gegenteil. Es ist mir so wichtig, etwas zu machen, wo ich nicht nur mitreden darf, sondern entscheiden.

Dazu hatte ich mich aber ein paar Jahre vorher entschieden, doch noch einen Studienabschluss zu machen. Damit ich endlich meine Ruhe habe und mich auf Familienfeiern wieder blicken lassen kann. Deutschland ist ja ein Schein-Land, man braucht hier immer einen Schein. Und deshalb habe ich 2011 noch ein Fernstudium begonnen in Kulturmanagement an der Fernuni Kaiserslautern. Ich habe also studiert, nebenbei noch eine kleine Kulturstiftung in München betreut und in dieser Galerie gearbeitet. Und dann ist kurz vor Abgabe der Masterarbeit mein Privatleben krachen gegangen. Ich wusste, diese Beziehung geht nicht weiter. Und auch das hatte etwas mit meinem Alter zu tun. Man hat nicht mehr diese Leichtigkeit und denkt sich, mal sehen, was so passiert. Man bekommt einen relativ klaren und nüchternen Blick auf die Dinge. Und mit Mitte 30 betrachtet man sich und seine Mitmenschen mit einer sehr seltsamen Härte. Ich hatte diesen Wunsch nach Familie und Kindern für mich einfach noch nicht komplett ausgeschlossen. Aber mein Freund hat sich dazu nie klar positioniert. Er hatte schon Kinder, für ihn war das alles nicht so dringlich. Da ging es nicht weiter. Mit der Trennung stand dann natürlich wieder die Frage im Raum, ob ich hier in München richtig bin. Aber ich wusste auch, wenn ich jetzt ein zweites Mal so kurz vor Ende des Studiums abspringe, könnte ich mir das nicht mehr verzeihen. Und dann war klar, dass ich noch ein paar Monate hier in München bleibe. Ich musste also so gut es nur geht für Ruhe in meinem Privatleben sorgen. Aber natürlich stellt man sein Privatleben nicht so einfach wie ein Auto auf einen abgelegenen Parkplatz und kann es dort erst einmal vergessen, und dann konzentriert man sich auf das Wichtige. Nein, natürlich war die Frage, wie das alles weitergeht, ständig präsent. Ich habe aber wirklich die Masterarbeit geschrieben. Danach hatte ich das Gefühl, dass mich nichts mehr in München hält.

Und dann ist das passiert, womit ich nie gerechnet hätte. Ein Freund von mir hat mir die Partnerschaft in seiner Galerie angeboten. Ich hatte ihn in München kennengelernt, er hatte hier eine Galerie für zeitgenössische Kunst gegründet, und wir hatten sehr viel über diese Gründung gesprochen. Im ersten Augenblick habe ich gedacht yes!, weil mir im Zuge dieser Überlegungen und Gespräche mit ihm klarer wurde, dass ich zwar etwas Eigenes will, aber am liebsten nicht ganz allein. Denn ich bin eine Frau und hatte auch zu diesem Zeitpunkt die Kinderfrage noch nicht geklärt. Und weil mir ein Austausch auf Augenhöhe sehr wichtig ist. Denn es ist überhaupt kein leichter Entschluss, sich mit einer Galerie selbstständig zu machen und sie am Laufen zu halten. Dafür muss man mutig sein in Situationen, in denen man sich Mut eigentlich nicht leisten kann.

Der finanzielle Druck ist unglaublich. Es gibt viele Nächte, in denen ich aufwache und nur Angstschweiß spüre, weil ich in dem Moment nicht weiß, wie ich das gebacken kriegen soll. Wenn wir am Ende des Monats bei null rauskommen, sind wir froh. Es kann natürlich Worst Case sein, dass es nur ein wahnsinnig teures Hobby ist, was wir hier betreiben, weil sich das wirtschaftlich trotz sehr viel Arbeit und Engagement am Ende nicht rentiert. Ich habe mit dieser Entscheidung jetzt natürlich finanzielle Sorgen. Aber ich hätte den Entschluss nicht gefasst, wenn mein Sicherheitsdenken größer gewesen wäre als der Wunsch, genau das zu tun, was ich jetzt tue. Ich habe den Entschluss bisher nicht bereut. Denn ich habe zum ersten Mal eine paradiesische Arbeitssituation, weil ich sie selbst gestalten kann. Selbst wenn mein Partner und ich uns auf einen Kompromiss einigen, ist das ein Kompromiss von uns beiden. Wir treffen uns immer in der Mitte. Aber wir ticken ähnlich und harmonieren deshalb sehr gut miteinander. Ich bereue den Entschluss nur in den Momenten, in denen ich nachts aufwache und diese große Last auf meinen Schultern spüre und denke: »Was hast du nur gemacht? Du warst in einem sicheren Boot, du hättest entspannt dahinschippern können, du hättest dir keine Sorgen um Wohnung, Miete und sonst was machen müssen.« All diese Sorgen habe ich jetzt. Aber das, was ich auch habe, ist Selbstbestimmung, und die ist unbezahlbar für mich.

In München eine Galerie aufzumachen für zeitgenössische Kunst, mit Künstlern, die noch kaum jemand kennt, ist ein totaler Irrsinn. Man muss ein paar Jahre eine finanzielle Durststrecke überstehen, und das schafft man eigentlich nicht. Aber ich wusste, selbst wenn ich in zwei Jahren in einer

Privatinsolvenz lande, wäre ich einfach verrückt geworden mit dem Wissen, diese Chance nicht genutzt zu haben. Ich hatte keine andere Wahl, als diesen Schritt zu gehen.

Das Einzige, was mir fehlt, ist ein Partner. Ein Mann an meiner Seite. Ich brauche nicht einfach irgendwen, sondern einen echten Partner – auf Augenhöhe. Und jetzt in dieser Zeit mit 35 muss ich mich auch damit auseinandersetzen, was mir privat wichtig ist. Welche Art von Partnerschaft ich überhaupt führen will. Ich habe immer ganz wunderbar dafür gesorgt, dass mein Leben funktioniert. Da war ich nie von einem Partner abhängig. Jetzt ist es so, dass ich nicht sage, ich will einen finanziell potenten Partner haben, damit der dann die Galerie trägt, sondern ich möchte einen Partner an meiner Seite, auf den ich mich verlassen kann, dem ich vertrauen kann. Das hatte ich vorher nie, weil die Entscheidungen nie diese Tragweite hatten. Und so habe ich meine ganzen Erwartungen und Wünsche, die ich an einen Partner habe, noch einmal neu hinterfragt. Dabei geht es nicht um so grundsätzliche Fragen wie Kinder oder Haus, nein. Es ist die Frage, inwiefern mein Partner die Begeisterung für das, was ich mache, teilen kann. Denn für mich spielt das eine sehr große Rolle. Er muss nicht das Gleiche machen wie ich, aber er muss nachvollziehen können, warum das alles für mich so wichtig ist. Das war ja auch ein Grund, warum meine letzte Beziehung gescheitert ist.

Erfolg ist für mich, wenn man im Leben für bestimmte Sachen einsteht, Risiken eingeht. Man kann bestimmte Entscheidungen nur verstehen, wenn man weiß, dass diese Risiken notwendig sind, um das zu erreichen, was man will. Der Mensch, den ich mir an meiner Seite wünsche, muss wissen, was mich ausmacht und dass dieser Kern einfach auch Entscheidungen erfordert, die vielleicht nicht so einfach sind. Wenn sich einer fragt, warum ich eben keine Ausbildung zur

Krankenschwester gemacht habe und stattdessen jetzt mit wirklich vielen Unsicherheiten zu kämpfen habe, dann ist er nicht der Richtige. Dann kann er mich gar nicht als den Menschen und die Frau sehen, die ich jetzt bin.

Ich wünsche mir, dass sich die Entscheidung, die ich getroffen habe, als die richtige herausstellt. Ich hoffe sehr, dass die Galerie funktioniert, denn das ist meine berufliche Zukunft. Ich bin wahnsinnig froh, diesen Punkt erreicht zu haben. Das ist eine Qualität, die ich vorher nicht hatte. Ich war immer getrieben. Ich bin jetzt einfach in der Lage, mal kurz innezuhalten, um zu sehen, was ich geschafft habe, und mich daran zu freuen. Auch weil alles, was ich erreicht habe, so fragil ist. Ich kann nicht wissen, wie sich das entwickelt. Aber ich genieße jeden Tag, jede Ausstellung, jedes Gespräch. Und zum ersten Mal in meinem Leben bin ich dabei ganz und gar im Hier und Jetzt.

Ich bin nicht gut darin, eine Frau zu sein.

Inge, selbstständig, über die Entdeckung,
attraktiv zu sein

Inge kommt aus einer bayrischen Kleinstadt und lebt seit vielen Jahren in einer sächsischen Großstadt. Sie wohnt in einer Vier-Zimmer-Wohnung, die sie mit ihrem Exfreund renoviert hat. Hohe Decken, keine Tapete. Turnschuhe im Flur und abgeschliffene Dielen, die Spuren von der letzten Geburtstagsparty tragen. Eine Frau hatte beim Tanzen das Holz mit ihren Absätzen eingedrückt. Inge war tagelang wütend, hat aber nichts gesagt. An den Wänden hängen Bilder von ihrem Bruder und Fotos von ihren Katzen. Sie ist selbstständig und hat mit 35 angefangen, viele fremde Männer zu daten.

Meistens waren es andere, die mir gesagt haben, was ich gut kann. Ich hatte eigentlich keine richtige Identität. Mein Exfreund hat mal zu mir gesagt: Dir fehlt der innere Kern, die wirkliche Persönlichkeit. Das war sehr verletzend. Aber er hatte Recht. Ich habe mich immer darum gekümmert, dass das Außen funktioniert. Es ging nie um mich, ich habe nur geguckt: Was erwartet die Außenwelt von mir. Und wie funktioniere ich so, dass die Außenwelt zufrieden ist mit mir. Dann wird man gelobt. In der Schule war ich 'n Hippiemädchen. Ich sah krass aus, hatte Piercings, aber ich habe gute Noten geschrieben. Meine Eltern dachten: Die Inge ist verantwortungsbewusst, um die müssen wir uns keine Sorgen machen. Was ich wirklich will, habe ich mich nie gefragt.

Mein 35. Geburtstag war ziemlich mies. Plötzlich hatte ich so eine Altersgrenze im Kopf. Dann bist du alt. Das hat Entscheidungen terminiert. Und ich wusste, ich will das Jahr, das so schwierig war, mit einem Lichtblick beenden. Obwohl ich 35 bin. Ich habe gedacht: Ich will tun, was Leute mit Familie nicht können, ich will sechs Wochen verreisen. Ich will meine Situation positiv aufwerten, und ich will auch allein sein. Ich will da sein, wo es warm ist, und ich will, dass dieses Jahr noch ein Highlight hat, das nur für mich ist. Dann habe ich den Flug nach Asien gebucht.

Die Motivation meines Vaters war immer Angst und Gefahrvermeidung. Die Vermeidung von Kontrollverlust und die Vermeidung von Unsicherheit. Und ich habe einfach mitgespielt. Ich habe Unsicherheit vermieden. Ich habe Sachen gemacht, die waren vielleicht gefährlich – aber ich habe sie nie übertrieben, so, dass sie wirklich gefährlich geworden wären. Zum Beispiel Drogen liefen immer unter dem Motto: »So weit kann ich gehen, aber dann wird's komisch.« Aber ich fühlte mich immer angezogen von Menschen, die sich so komplett außerhalb des Systems bewegen. Bei mir hat sich alles so ergeben, und ich habe immer den sicheren Weg gewählt.

Ich habe mich ganz lange danach gesehnt, wieder klein zu sein. Kind zu sein und wieder zu Hause zu wohnen. Ich hatte Sehnsucht danach, die Zeit zurückzudrehen. Bis dahin, als ich so drei oder vier gewesen bin. Ich habe mich im Jetzt nie richtig gefühlt. Das war das Ding mit dem Frausein. Ich habe keine Entscheidung als Frau getroffen. Das war eine total vernachlässigte Instanz in mir. Ich war gar nicht richtig erwachsen. Das ist erst passiert, als es mir so schlecht ging, als ich mich von meinem Freund getrennt habe. Und ich gemerkt habe, dass ich nicht vor- und nicht zurückkomme. Das hat so wehgetan. Das hat so viele Fragen aufgeworfen.

Warum bin ich immer so in diesem Außen? Warum kann ich nicht für mich einstehen? Warum kann mich jemand um den Finger wickeln, der mich als Frau meint? Warum ist das ein wunder Punkt? Warum dürfen mich andere Leute kleinmachen, warum verdiene ich es nicht, glücklich zu sein? Und warum muss ich immer die sein, die sich um die anderen kümmert?

In Thailand ist mir dann mein Bikini kaputtgegangen, und ich musste mir einen neuen kaufen. Da gibt es aber nur winzig kleine Bikinis, und ich musste mir quasi einen Stoff mit Schnüren kaufen, der kaum etwas bedeckt hat. Dann habe ich den gekauft und bin immer rückwärts wie ein Krebs ins Wasser gegangen, weil ich immer dachte: Oh Gott, sonst sehen die mich von hinten und sehen, dass mein großer Hintern gar nicht bedeckt wird von dem kleinen Stück Stoff. Meine Freunde haben irgendwann gelacht und gesagt: »Der Bikini ist super, du musst den nur mit Haltung tragen. Dann siehst du super aus, mach dir keine Gedanken.« Dann habe ich angefangen, den Bikini mit Haltung zu tragen, und hatte richtig Spaß daran. Ich bin stundenlang am Strand entlanggelaufen und immer anders: mal als Typ, mal als Affe, mal als Gestresste, mal als sexy Frau und habe mit den Hüften gewackelt und gemerkt, wie die Bewegung meine Haltung innerlich verändert, und dann habe ich mich ein bisschen verliebt in mich. Ich bin gar nicht so doof, habe ich gedacht und mich nur für mich gefreut.

Ich würde sagen, ich bin in einer Experimentierphase, was das Frauending angeht. Ich treffe mich gerade mit verschiedenen Männern und habe mit mehreren Männern Sex. Ohne dass ich jeden wiedersehe. Ich denke viel weniger darüber nach, als ich dachte. Und das macht mir irgendwie Spaß. Ich habe diesen Sommer betitelt als Sommer der Unvernunft. Das ist erst mal so ein Spielfeld. Irgendwann suche ich nach einem Partner. Aber momentan bin ich noch nicht so weit, nach den richtigen Männern Ausschau zu halten. Ich würde jetzt immer noch nach welchen gucken, die nicht gut für mich sind, die mich unsicher machen, bei denen ich mich nicht abgrenzen kann, bei denen ich mich als Frau in Frage stelle. Die kriegen mich immer noch, weil die alten Muster noch so stark sind, und ich glaube, diese Muster müssen noch ein bisschen abgenutzt werden. Diese Erfahrungen müssen den Kopfmenschen ausschalten und den Frauenkörper sicher machen. Erst wenn ich das richtig geübt habe, sehe ich jemanden, der auch Partnerpotential hat. Den sehe ich vorher einfach nicht.

Mir geht es gut, und mein Leben ist schön. Nicht trotzdem oder obwohl ich keine Kinder habe und kein Geld. Nee, es ist deshalb schön. Ich habe nur mich, bin nur für mich selbst verantwortlich. Ich habe eine eigene Familie, die aus Freunden besteht, und ich bin total und wirklich glücklich und wundere mich immer: Darf man so glücklich sein, obwohl alle anderen so einem anderen Glück hinterherlaufen? Aber mir fällt keine andere Antwort ein: Warum denn nicht? Ich versuche das jetzt einfach mal nicht zu hinterfragen.

Wenn ich morgens meine Katze anschaue, geht mein Herz auf.

Juliane spricht über die schwierige Entscheidung, auf eigene Kinder zu verzichten

Juliane, geboren in der Nähe von Bielefeld, hat mehrere Jahre in Frankreich gelebt und studiert. Inzwischen wohnt sie in Hannover. Sie arbeitet im Kulturbereich und hat seit neun Jahren eine feste Beziehung mit einem Mann, der schon zwei große Kinder hat. Sie wohnt allein mit ihrem Kater und hat einen Schrebergarten. Vor kurzem hat sie sich einen VW-Bus gekauft, mit dem sie nächstes Jahr viel herumfahren will. Sie hat langes blondes Haar, ist klein und zierlich und wirkt auf Anhieb sympathisch. Wir treffen uns in ihrer Wohnung, ab und an streicht ihr Kater um die Füße und mauzt. Es ärgert sie, dass sie sich immer öfter für ihre Entscheidung gegen Kinder rechtfertigen muss. Und sie stellt die klassischen Familienkonzepte in Frage.

In jeder Hinsicht ist das überhaupt keine Welt, in die man Kinder setzen muss. Politisch, klimatechnisch, alles. Ein Kind sucht sich das ja nicht aus, ob es geboren wird. Man entscheidet sich dafür. Und was ich merkwürdig finde, ist, dass man Lust hat auf so ein Wesen, das von einem abhängig ist. Das hat für mich – ganz böse formuliert – fast etwas von einem Haustier. Nichtsdestotrotz finde ich Kinder ganz toll. Ich kann total nachvollziehen, dass man sie ganz doll liebt und mit ihnen zusammen die Welt entdeckt. Aber vielleicht sollte man eher ein Kind adoptieren. Es gibt ja genug, denen es nicht gut geht und denen man damit helfen kann. Ich merke, dass ich mich bei diesem Thema immer in den Rechtfertigungsmodus begebe. Aber ich beobachte meine Freundinnen um mich herum mit ihren Kindern. Dass das nicht immer alles so rosig ist wie auf dem Spielplatz mit dem Latte Macchiato in der Hand und dem schönsten Fahrradanhänger. Die langweilen sich, die finden das anstrengend, die können nicht mehr, die haben Stress in der Beziehung oder haben gar keine Beziehung mehr und sind nur noch Eltern. Und für welchen Preis? Ja, gut, später ist man dann nicht allein, vorausgesetzt, dass man sich mit dem Kind gut versteht oder dass es kein Verbrecher wird. Das sind ja immer so Idealvorstellungen, die man da hat. Und ich weiß auch genau, dass die Freundinnen, die jetzt sagen »Ich kann nicht mehr!« oder »Ich würde auch gern mal wieder ins Kino gehen!« mich trotzdem in 20 Jahren fragen werden, ob ich das nicht bereue, dass ich keine Kinder bekommen habe.

Ich habe keine Parteizugehörigkeit und keine Religion. Ich bin in drei Vereinen aktiv, davon in zwei Vorständen. Ich bin ziemlich neugierig, kenne viele Leute und bin gern im Gespräch mit Menschen. Ich amüsiere mich gern. Ich liebe das Tanzen, meine Freiheit, Sprachen zu lernen. Und ich bin Möchtegernvegetarierin und Möchtegernakkordeonspielerin. Seit 2010 wohne ich allein in einer Drei-Zimmer-Wohnung mit meinem Kater und finde das wunderbar. Weil ich keinen Balkon habe, habe ich mir einen Schrebergarten gesucht. Und das ist auch toll, weil mein Freund und ich nicht zusammen wohnen. Wir wollen das auch nicht. Lange Zeit wollte nur ich das nicht, jetzt sind wir uns da einig. Irgendwie ist der Garten ein guter Ort, an dem wir uns treffen und zusammen sind. Es ist schön, so viel draußen zu sein, und jeder wurschtelt vor sich hin. Nicht, dass wir uns da nicht streiten würden, weil ich viel mehr mache als er. Aber es ist trotzdem ein guter Ort.

Ich wohne allein, weil ich schlechte Erfahrungen mit dem Zusammenwohnen gemacht habe. Als ich mich von meinem letzten Freund, einem Franzosen, getrennt habe, war das schrecklich. Er wollte sich nicht trennen, und deswegen wollte er auch nicht ausziehen. Das Wohnzimmer war also seins, und meins war das ehemalige Schlafzimmer. Das war so anstrengend, und dann habe ich mir geschworen: Das mache ich nie wieder, so eng auf einem Raum mit jemandem zu sein, von dem man es nicht schafft sich zu lösen. Deshalb will ich allein wohnen. Jeder hat sein Reich, seinen Geschmack, was Wohnungseinrichtung und Lebensstil angeht, und jeder kann seinen Ort so gestalten, wie es ihm gefällt, und kann den anderen zu sich einladen oder nicht. Man erspart sich gewisse Themen. Ich muss mich nicht über den Kühlschrankinhalt oder über die Zahnpasta unterhalten.

Es ist gar nicht leicht zu entscheiden, welche Facette man bei so einem Gespräch, wie wir es gerade führen, von sich hervorhebt. Denn das hat ja etwas damit zu tun, wie man dastehen will. Gleichzeitig lässt man aber Dinge aus, die vielleicht auch wichtig sind. Ich bin mir unsicher, was das, was ich sage, für ein Bild von mir ergibt.

Ich habe seit neun Jahren eine Beziehung. Mein Partner ist 13 Jahre älter als ich. Wir sind sehr unterschiedlich. Er ist eher ein Aussteigertyp, so nehme ich ihn wahr. Wir könnten in dem gleichen Bereich arbeiten, aber er hat keine Lust, in diesem System zu funktionieren. Er hat viele Jahre versucht, sich davon unabhängig zu machen, hat viel gelesen. Er interessiert sich für Naturwissenschaften und Philosophie. Als wir uns kennengelernt haben, war klar: Er ist älter, er hat zwei Kinder, ich finde ihn interessant, aber das wird nicht lange halten. Und dann war immer der eine in den anderen verliebt und der andere gerade nicht und umgekehrt. Das war ein ganz schönes Hin und Her. Dann hat sich das aber über die Jahre gefestigt. Wir sind keine Familie, oder vielleicht sind wir eine moderne Familie. Auf jeden Fall gibt es diese zwei Kinder. Ich habe die beiden vor neun Jahren als Kinder kennengelernt, und jetzt sind sie junge Erwachsene. Die Tochter ist 21 und wohnt allein, der Sohn wohnt gerade bei seinem Vater. Mit der Tochter habe ich über die Jahre ein freundschaftliches Verhältnis aufgebaut und mein Freund freut sich sehr darüber, dass wir uns zum Kaffee treffen, uns gut verstehen und ich ein positives Gegenbeispiel zu ihrer Mutter bin. Ohne eine Ersatzmutter zu sein. Dafür sind die Kinder ja schon viel zu groß und ich viel zu jung. Und ich glaube, die Tochter freut sich, dass ich mit ihrem Vater zusammen bin, weil sie das Gefühl hat, dass ich ihm guttue. Der Sohn hat sich ganz lange nicht für mich interessiert. Das ändert sich aber gerade. Er hat mich zum Beispiel vor zwei Wochen gefragt, ob wir uns nicht auch mal verabreden wollen. Er meinte, er würde gern mit mir reden, weil es Dinge gibt, für die er sich entschuldigen will. Und seit ein paar Wochen erkundigt er sich sogar ab und zu, wie es mir geht. Das kenne ich gar nicht von ihm. Ich glaube, er merkt gerade, dass wir auf eine moderne Art zusammengehören und ich auch viel von seiner Geschichte mitbekommen habe. Und jetzt wird das auch ein bisschen freundschaftlicher. Die zwei Kinder von meinem Freund glauben an nichts mehr, weil die so viel Mist mit ihrer Familie erlebt haben. Die glauben nur an die Beziehung von uns beiden. Das sagt zumindest die Tochter immer so, auch wenn wir Streit haben: »Oh bitte trennt euch nicht, ihr seid das einzig Fixe in meinem Leben!« Das ist schon herzerweichend, irgendwie rührt mich das. Es hat schon was mit Stabilität zu tun. Es setzt mich aber auch unter Druck. Man übernimmt Verantwortung für andere. Und immer wenn ich an Trennung gedacht habe – das kommt nicht so oft vor, aber vor eineinhalb Jahren war das Mal so –, da dachte ich auch, dass ich das der Tochter nicht antun kann. Wir sind eine Familie. Eine andere Art von Familie.

Das Coole ist, dass wir beiden Frauen politisch auf einer Wellenlänge sind und auch zusammen auf Demos gehen. Wir waren auch schon auf den gleichen Partys, wir beide jeweils mit unseren Freundinnen. Ich wurde dann als die bessere und hübschere Mutter vorgestellt, das hat mir auch geschmeichelt, das war ja auch lustig. Wir kokettieren alle damit. Die Kinder mögen ihren Vater total gern, weil er anders ist als die Väter, die sie sonst aus ihrem Umfeld kennen. Sie verstehen sich sehr gut mit ihm. Sie haben natürlich auch ihre Probleme, aber sie finden das cool, dass wir zusammen sind, und führen uns auch ganz gern als Eltern vor.

Die beiden Kinder habe ich mir nicht gesucht, so wie ich mir meine Beziehung oder Freunde suche, sondern die hängen da mit dran. Und dann muss man sehen, wie man damit klarkommt, wie man zueinander steht. Das ist eine Form von Familie, von Gruppe, der man sich zugehörig fühlt. Wir haben es geschafft, uns in dieser Konstellation miteinander zusammenzufinden. Wir machen keine Familienausflüge oder so. Aber wir gehen zusammen auf Demos, und wir treffen uns alle regelmäßig zum Essen.

Es wird mir in der Gesellschaft häufig das Gefühl gegeben, dass ich mir aussuchen kann, ob ich Kinder will oder nicht. Und trotzdem wird es eben doch von mir erwartet. Meine Familie wartet darauf, meine Großmutter ist 90 und ich glaube, sie würde schon sehr gern noch Uroma werden, bevor sie stirbt. Und das Argument gilt dann auch nicht, wenn ich sage, dass ich ja schon zwei Kinder habe. Mein vorheriger Freund wollte schon damals Kinder. Aber ich war mitten im Studium und das ging für mich gar nicht. Später habe ich meinen jetzigen Freund kennengelernt. Damals habe ich mir gar keine Gedanken darüber gemacht, ob ich wirklich Kinder will oder nicht. Und dann gab es so einen Moment in mir, in dem ich gedacht habe, dass ich ein Kind mit ihm haben will, aber er wollte nicht, und dann habe ich mich von ihm trennen wollen. Aber da wurde mir klar, dass wir zusammengehören und die Kinderfrage eher zweitrangig ist. Dann war das erst mal ein paar Jahre gut, und dann hat er einen Schritt auf mich zugemacht und gesagt: »Wenn du unbedingt willst, vielleicht kann ich mir das doch vorstellen.« Aber er wollte erst mit mir zu einer Beratung gehen, denn er hat sich selbst nicht über den Weg getraut und dachte, dass er das jetzt vielleicht nur sagt, um mich zu halten. Das fand ich sehr ehrlich von ihm, und da habe ich erst wirklich angefangen, mir Gedanken darüber zu machen. Denn einen Partner, der das dann nur mir zuliebe macht, will ich nicht. Und ich habe im Gespräch mit ihm gemerkt, dass er mit dem Thema durch ist. Seine Kinder sind groß. Diese Paarberaterin hat damals zu mir gesagt, dass ich jung bin und Energie habe und dass es einfach meine Sache sei mit den Kindern. Aber das wollte ich überhaupt nicht. Ich will das mit jemandem machen, der auch Lust darauf hat, denn das ist ja schon eine gemeinsame Unternehmung. Und dann habe ich gemerkt, dass ich weder mit ihm noch sonst Kinder möchte.

Es wird einem immer vorgeworfen, dass man egoistisch ist, wenn man keine Kinder bekommt. Man sei dann nur auf sein eigenes Vergnügen bedacht. Aber das sehe ich überhaupt nicht so. Ich nutze meine Zeit, ich engagiere mich ehrenamtlich, ich habe andere Beziehungen, die auch mit Verantwortung verbunden sind. Und ich finde das umgekehrt eher egoistisch, wenn man sich so einigelt als kleine Familie und sich dann nur noch Gedanken macht, welchen Kindersitz oder Fahrradanhänger man braucht. Also ich habe mich schon relativ viel mit Freundinnen unterhalten, weil ich auch eine der Letzten bin in meinem Umfeld, die keine Kinder haben, und ich muss mich immer rechtfertigen. Die Mütter fragt auch keiner, warum sie Kinder bekommen haben. Und wenn du sie dann doch mal fragst, sagen sie so etwas wie: »Das war jetzt einfach der nächste Schritt.« Aber für mich ist das keine gültige Erklärung. Es gibt viele andere Schritte. Und unser Schritt war es damals, die Beziehung zu öffnen. Es gab einen alten Freund, wir waren uns ziemlich nahe, und irgendwie war das die logische Fortsetzung unserer Freundschaft, dass wir auch miteinander schlafen. Dann hat sich das so ergeben, dass daraus auch eine Art Beziehung wurde. Über ein Jahr hatten wir dann eine Dreierbeziehung, also ich mit beiden Männern. Wir haben alles zu dritt besprochen. Für mich war es schön, denn ich war mit zwei tollen Männern zusammen. Der eine Mann, der mich plötzlich teilen musste, der hat mächtig an sich gearbeitet, aber er hat eben auch das theoretische Ideal für sich, dass er das können will. Die Freiheit galt natürlich umgekehrt auch für ihn, aber er hat sie nie genutzt. Und der andere Mann, der hatte sich gerade frisch getrennt und fühlte sich bei uns ganz gut aufgehoben. Aber es war klar, dass das wieder endet, weil er eigentlich auf der Suche nach einer Zweierbeziehung war. Es hat aber doch ein Jahr gehalten, bis er sich wieder verliebt hat, von mir aus hätte es so weitergehen können. Ich habe festgestellt, dass ich umso lieber zurückkomme, je mehr Freiheiten ich habe. Also ich meine, diese Abenteuer außerhalb der Zweierbeziehung, die von meinem Freund auch akzeptiert und gutgeheißen werden, die verbinden mich auch mit ihm. Das war eine sehr intensive Zeit. Man hat halt nur 24 Stunden am Tag, und wenn man sich plötzlich mit zwei Männern treffen möchte, sind die Tage kurz. Wir haben uns auch zu dritt getroffen, aber nicht so oft, weil es mir nicht so sehr um die Dreiergeschichte ging als einfach darum, etwas anderes mit jemand anderem zu erleben und jemand anderes zu sein. Am Anfang hatte ich auch Angst davor, mit zwei Männern plötzlich so nahe zu sein. Ich dachte, das wäre anstrengend, aber das war es gar nicht. Die beiden haben sich nicht so füreinander interessiert, sondern nur für mich.

Das Experiment fand ich schon sehr interessant. Es bringt dich an Grenzen, die man nicht kennt. Sei es beim Sex, sei es in der Kommunikation und wie man zusammen lebt. Fährt man zu dritt in den Urlaub? Wie geht man damit in der Öffentlichkeit um? Wir haben uns damals entschieden, es nicht zu zeigen oder zu sagen. Mein Freund wollte nicht, dass das in der Öffentlichkeit sichtbar ist. Man kann den Leuten nicht jedes Mal erklären, welches Freiheitsideal sich dahinter verbirgt. Die denken nur: »Jetzt muss er den Hüpfer mal hüpfen lassen, sonst geht sie, deshalb gestattet er ihr das!«

Diese Dreierbeziehung gibt es jetzt nicht mehr, weil der Dritte sich verliebt hat und dann weg war. Für die andere Frau war klar, dass das aufhören muss. Und er war dafür eh auch nicht so der Typ, er ist da konservativer. Ich habe auch mal gesagt, wollen wir nicht alle zusammenziehen? Da hat er gesagt: »Kinder, die so aufwachsen, werden hinterher Bänker. Weil die dieses Kommunenzeug satthaben.« Ich hätte nie mit ihm wirklich zusammen sein wollen, auch wenn es mal einen kurzen Moment des intensiven Zweifelns gab. Es war schon klar, dass meine Hauptbeziehung die andere ist, und ich glaube, das war ihm auch zu wenig, weil er sich doch Zweisamkeit gewünscht hat.

Über die Jahre habe ich jetzt in Gesprächen mit meinen Freundinnen geübt, mich zu rechtfertigen, warum ich eben keine Kinder habe. Ich habe mir meine Gründe so zurechtgelegt und gleichzeitig ärgert es mich wahnsinnig, dass die nie begründen müssen, warum sie Kinder kriegen. Denn ich finde die Kinder ja auch meistens cool, aber die Eltern sind halt irgendwie blöd. Wie sie sich dann so unterhalten auf dem Spielplatz und ihren Latte Macchiato trinken und so. Und immer auf die Kinder gucken, ob die auch genau so viel können wie die anderen. Das große Problem ist für mich dabei, dass man keine Gegenentwürfe hat. Um mich herum werden es immer mehr Mütter und Eltern, und man selbst fragt sich schon: »Gut, und was mache ich so? Lerne ich jetzt Akkordeon? Oder kauf ich mir einen Bulli?«

Mit der Arbeit ist das auch so ein Problem. Entweder man wird Mutter oder man ist Karrierefrau. Das sind die Kategorien, die die Gesellschaft kennt. Wenn man aber auch nicht so super karriereorientiert ist, dann ist es schwierig. Dann muss man eben überlegen, wie man sein Leben gestaltet. Ich gehe öfter in meinen Garten, lade Leute ein, lerne eine neue Sprache oder fange an, abends Sachen zu basteln. Und ich habe mir jetzt überlegt, dass ich wieder reisen will. Dass ich mir jetzt einen Bus kaufe und einfach losfahre und Orte entdecke. Ich brauche kein Kind, um mich selbst zu erfahren. Ich kann das nachvollziehen, dass es eine tolle Erfahrung ist, ein Kind zu bekommen. Dass da ein fertiger Mensch aus dem Bauch herauskommt, den man über alles liebt. Aber das habe ich mit meiner Katze auch, wenn ich die morgens angucke. Ich liebe die so sehr. Natürlich kann man nicht ernsthaft behaupten, dass ich meine Katze genauso liebe wie andere ihr Kind. Aber ich weiß gar nicht, wie ich jemanden noch mehr lieben soll. Wenn ich morgens meine Katze anschaue, geht mein Herz auf.

Diese Freiheiten, die ich jetzt in meinem Leben habe, schätzt man mit 20 noch nicht, denn man kennt sie gar nicht. Aber mit 35 hat man sich auch an sie gewöhnt. Ich rede sehr viel mit meiner Großmutter. Sie weiß eigentlich alles über mich. Sie weiß über meine offene Beziehungszeit Bescheid, sie weiß, wie ich über Religion und über Politik denke. Für ihre Generation waren diese Gedanken und Fragen einfach nicht vorhanden. Es gab da keine Wahlmöglichkeiten. Das merkt man auch im Kontakt mit Menschen, die aus anderen Ländern kommen, wie gut wir es hier haben, wie frei wir sind. Wir können den Beruf machen, den wir wollen, leben, wie wir wollen, wir werden für nichts verfolgt, wir müssen nicht fliehen. Wir müssen uns höchstens rechtfertigen, wenn man etwas anders macht. Aber natürlich gehöre ich als weiße, heterosexuelle Frau auch nicht zu einer Minderheit, im Gegenteil. Andere Frauen haben da ganz andere Kämpfe.

In diesem Jahr hat sich für mich schon einiges verändert. Ich habe jetzt den Bus, mit dem habe ich große Pläne. Als erste große Reise werde ich in die Bretagne fahren. Ich will viel in der Natur sein, am Meer, nicht in diesen vier Wänden. Was sich sonst geändert hat, ist vor allem eine Art Gewissheit. Ich weiß jetzt, was ich an meinem Leben schätze. Ich habe jetzt eine Art Festigkeit in dem, was ich glaube. Andererseits habe ich auch das Wissen, dass die Dinge nicht so schwarz-weiß sind, auch das mit der Kinderfrage zum Beispiel. Ich kann nicht sagen, dass ich eine Entscheidung getroffen habe. Bis ungefähr 40 kann ich mir das ja noch überlegen, und vielleicht kriege ich wirklich nochmal so einen Kinderflash. Ich weiß zwar nicht so richtig, in welcher Konstellation, aber das wird sich zeigen. Man kann natürlich für sich Entschlüsse fassen, aber dann gibt es trotzdem Dinge, nach denen man sich sehnt. Für mich ist die Kinderfrage gerade jetzt ein Thema, weil einfach viele Freundinnen von mir Kinder bekommen. Da muss ich mich natürlich auch dazu positionieren, und dann gleiche ich das immer mit mir ab und überlege, ob ich nicht doch noch will. Und es ist Thema in Momenten, in denen ich überarbeitet bin. Weil ich dann denke, dass das eine Möglichkeit wäre, mich aus dem Ganzen herauszuziehen. Aber um sich eine Auszeit zu gönnen, sollte man keine Kinder bekommen. Die Auseinandersetzung mit der Kinderfrage taucht immer wieder auf, aber ich merke, dass ein reflektierter Abstand mir hilft, damit umzugehen. Ich weiß jetzt besser, dass sich die Dinge auch immer mal ändern und dass man im Moment leben muss. Ich gehe jetzt anders mit mir um, ich kenne diese inneren Aufs und Abs und kann mich da auch hinterfragen. Es ist ein stetes Abwägen, was ist ein echtes Gefühl und was nicht. Ich bin sehr aufmerksam mit mir selbst, das ist erst jetzt mit Mitte 30 gekommen.

Wuppertal ist nicht Indonesien.

Luiza will nur noch dort arbeiten,
wo sie auch surfen gehen kann

Luiza spricht neben Deutsch noch fließend Rumänisch, Spanisch und Englisch, hat Praktika in New York und Mexiko gemacht und einen Master in European Studies in der Tasche. Seit ihrem Studium wollte sie Karriere bei der UNO machen. Sie wollte ihren Eltern und sich selbst beweisen, dass auch ein Kind rumänischer Einwanderer es schaffen kann. Seit neun Jahren lebt sie in Berlin, hat hier studiert und auch ihren ersten Job gefunden. Vier Jahre hat sie in einem EU-Projekt zur Sensibilisierung für Menschenhandel gearbeitet. Doch seit diesem ersten Job hat sich der Traum von der Karriere verflüchtigt. Stattdessen ist sie fünf Mal nach Indonesien gereist und lernt die Landessprache. Plötzlich ist es ihr nicht mehr ganz so wichtig, was sie beruflich macht. Hauptsache, sie arbeitet nah genug am Strand. Denn statt Karriere und Kleinfamilie will Luiza mit 35 nur noch eins: surfen. Sie wohnt in einer Zweier-WG und verbringt die Tage gerade damit, Bewerbungen zu schreiben. Sie trägt ein schwarzes ärmelloses Oberteil, das ihre runden Schultern betont. Beim Reden wuschelt sie sich häufig durch das braune, kinnlange Haar und zupft an ihrer Hose herum. Sie sprudelt sofort los, als wir uns auf das Sofa gesetzt haben, und hört erst drei Stunden später wieder auf.

Ich mag es, mich in Sachen reinzubeißen. Wenn ich Bock drauf habe, will ich das machen. Da entwickle ich meine Kraft. Wenn jemand sagt, du kannst das nicht, beweise ich ihm das Gegenteil. Das habe ich auch im Job gemerkt. Wenn nichts lief und mein Chef sagte, wir blasen das Projekt ab, hat mich das angespornt. Solche Momente brauche ich, die treiben mich an. So ist das auch mit dem Surfen. Das erfordert Zeit und Ausdauer und einen starken Willen. So was mag ich.

Ich bin gerade arbeitslos, und langsam werde ich unruhig. Jetzt kommen die Momente, in denen Freunde von der Arbeit erzählen, und plötzlich werde ich neidisch. Ich würde schon langsam gern wieder arbeiten. Aber ich will mich nicht verbiegen. Ich sehe auch Jobs in Berlin, aber da habe ich einfach keine Lust drauf. Vor kurzem wurde mir von einem ehemaligen Projektpartner ein Job in Wuppertal angeboten. Ein Superjob. Aber eben Wuppertal. Das geht nicht. Das geht einfach gar nicht. Wuppertal ist halt nicht Indonesien.

Ich bin schon immer gern gereist. Eines Tages hatte ich Indonesien im Kopf. Da bin ich 2013 das erste Mal für fünf Wochen hingeflogen. Ich hatte einen Monat vorher einen Film über Raja Ampat gesehen, das ist eine Inselgruppe in West-Papua, das sah großartig aus und ich wusste sofort: Da muss ich hin. Das ist ein richtiges Paradies. Dieser Ort hat mich wirklich geflasht. Danach hatte sich die Frage, wo ich als Nächstes hinfahre, erledigt. Also bin ich immer wieder nach Indonesien geflogen und habe viel gelesen und mich mit dem Land beschäftigt. Ich habe dort eine sehr unberührte Natur entdeckt, in der es keinen Massentourismus gibt und wo man relativ günstig hinkommt. Ich fliege meist zur Regenzeit, da sind die Flüge günstiger und vor Ort sind weniger Leute. Es ist dann wunderschön grün, aber auch schwüler. Ich war an verschiedenen Orten, erst in Papua, dann auf den Molukken, dann auf Sulawesi, und vor kurzem war ich auf Timor. Das sind alles Orte, da bleibt dir die Spucke weg. Die Locals in Indonesien surfen sehr viel, die Männer vor allem.

Die Frauen haben Angst, auf dem Wasser noch dunkler zu werden. Deswegen surft kaum eine Frau in Indonesien. Es gab einen Surflehrer dort, mit dem war ich drei Tage draußen und er hat mir die ganze Technik erklärt. Nach und nach habe ich die ersten Erfolge gemerkt. Ich konnte länger auf dem Brett stehen und das hat mich voll gecatcht. Es ist so befreiend. Nach zwei, drei Stunden bist du total platt und hechelst ans Ufer, aber du bist so unglaublich frei im Kopf. Surfen gibt dir ein schönes Gefühl, das ist eine meditative Sache. Du bist so verbunden mit den Elementen. Das hat mich gepackt. Ich wusste sofort: Das will ich lernen.

Als ich vor ein paar Monaten zurückgekommen bin, habe ich erst mal ganz schön lange gebraucht, um mich wieder klarzukriegen. Ich bekomme immer so eine Post-Vacation-Depression, und diesmal hat die noch länger angehalten als sonst, vermutlich auch weil ich nicht wieder in den Job gegangen bin, sondern Zeit hatte nachzudenken, was ich jetzt mache. Ich will mich ja nicht komplett ausklinken. Aussteigen will ich auf keinen Fall. Das ist nicht mein Ziel. Also habe ich angefangen, nach für mich passenden Jobs in diesen Regionen zu suchen. Wenn es neue Ausschreibungen gibt, schaue ich mir erst mal an, wie weit der Strand entfernt ist und wo die Surfspots liegen. Das hört sich bescheuert an, aber ich mache das wirklich so. In Indonesien gibt es die meisten Jobs, die in Frage kommen, in Jakarta, aber da will ich nicht hin, das ist ein Moloch. In Mikronesien habe ich zum Beispiel Kontakt mit dem Chef der IOM, das ist die Internationale Organisation für Migration. Und das ist ja genau mein Schwerpunkt. Es sind jetzt auch Stellen rausgekommen, aber da passt mein Profil leider nicht.

Ich hatte schon immer einen Gerechtigkeitssinn. Ich bin für die Minderheiten und springe für die sofort in die Bresche. Ich wollte einen Job haben, der einen gewissen Sinn ergibt. Ich könnte eben nicht in einer Firma sitzen und Webseiten bauen. Ich brauche schon etwas, bei dem ich denke, dass ich einen Beitrag leisten kann, dass ich jemandem helfen kann. Das hört sich plakativ an. Aber ich merke, auch jetzt bei der Jobsuche, dass ich überzeugt sein muss von dem, was ich tue. Sonst mache ich es nicht gut.

Ich habe erst einen Bachelor in Kulturwissenschaften gemacht und danach einen Master in European Studies in Frankfurt an der Oder. Dazwischen habe ich ein Praktikum in Mexiko beim DAAD gemacht und bei der UNO in New York und danach ist mir klar geworden, dass ich mich beruflich mit dem Migrationsthema befassen will. Die letzten vier Jahre habe ich in einem von der EU geförderten Projekt gearbeitet. Der Vertrag war auf die Projektlaufzeit begrenzt, deshalb arbeite ich da nicht mehr. Das war sehr spannend. Es ging darum, die Politik für das Thema Menschenhandel zur Arbeitsausbeutung zu sensibilisieren. Normalerweise geht es ja meist um sexuelle Ausbeutung, was gut und richtig ist. Aber Arbeitsausbeutung ist im Vergleich dazu ein Riesenfass. Da gibt es viel mehr potentielle Betroffene. Wenn ich mir die Geschichten angehört habe, was Leuten widerfahren ist, dachte ich immer: Das kann nicht wahr sein! Und diese Leute haben einfach keine Lobby. Die werden zurück in ihre Heimat geschickt und haben Tausende Euro Schulden, und es interessiert niemanden.

Vor diesem ersten Job hatte ich einen krassen Karrieregedanken. Ich wollte immer zur UNO und habe superviele Bewerbungen und Tests geschrieben. Ich wollte meinen Eltern beweisen, dass ich mit einem Master in European Studies was werden kann. Mein Vater ist Maschinenbauer, er meinte immer nur: Was willst du damit? Aber ehrlich gesagt bin ich inzwischen davon weggekommen. Ich muss mir nichts mehr beweisen. Ich möchte mich natürlich weiter entwickeln, aber ich bin weg von dem vermeintlichen Sicherheitsgefühl. Dann sitzt du in deiner Eigentumswohnung, hast eine Beziehung und ein Kind und alles ist schön? Wer sagt das denn? Ich habe das Gefühl, es gibt so einen Wandel bei den Leuten in meinem Alter. Viele verstehen inzwischen, worauf uns dieses System trimmt: Lerne so und so viele Sprachen, studiere und mache Praktika, bewirb dich auf gute Jobs, verdiene Geld. Aber wofür?

Ich bin in Transsylvanien geboren. Meine Eltern haben dann entschieden, nach Deutschland zu gehen. Das war noch während des Kommunismus in Rumänien, und meine Eltern wollten für uns eine bessere Zukunft. Ich war damals schon in der ersten Klasse, und meine Eltern haben mir erzählt, wir würden in den Urlaub fahren. Ich bin aber nur mit meinem Vater losgereist. Es ging damals nicht, dass die ganze Familie in den Urlaub nach Deutschland fährt. Das hätten die Behörden nicht zugelassen. In Hannover habe ich erst mal mit meinem Vater in einem Asylbewerberheim gewohnt. Ich kann mich an eine Situation erinnern, da musste mein Vater zu einer Behörde und hat mich bei unseren Zimmernachbarn, das waren Ungarn und Bulgaren, gelassen. Die haben mich in eine dunkle Kneipe mitgenommen, mich an die Bar gesetzt und ne Cola bestellt. Da war ich sieben. Das klingt jetzt vielleicht lustig, aber damals hat das was mit mir gemacht.

Dieser »Urlaub« war schon sehr seltsam. Ich habe das alles nicht verstanden. Meine Mutter war nicht da, ich war in einem Land, in dem ich die Sprache nicht verstehe, und werde da plötzlich in die Vorschule gebracht. Das war völlig absurd. Meine Mutter und mein Bruder sind nach einem Jahr nachgekommen, nachdem die Revolution in Rumänien durch war. Am Anfang war ich wirklich sauer und habe kein Wort mit ihr gesprochen. Ich bin dann in einer kleinen Schule auf einem Dorf bei Hannover eingeschult worden. Ich war eines der ersten ausländischen Kinder, und alle haben mich auf Deutsch vollgequatscht, und ich war total verloren. Das war ein heftiges Gefühl. Der Direktor der Grundschule hat sich sehr engagiert und uns dann zwei Mal die Woche privat Unterricht gegeben. Ich saß also mit meinem Vater zusammen im Büro vom Direktor und habe Deutsch gelernt.

Mein Vater hat schnell Arbeit gefunden, und dadurch haben wir ein Visum bekommen. Aber als ich in der sechsten Klasse war, sollten wir abgeschoben werden. Die ganze Familie, bis auf meinen Vater. Da waren wir aber schon voll integriert. Ich konnte perfekt Deutsch, mein Bruder auch, mein Vater hatte Arbeit. Das war eine krasse Situation. Es war dann Megaglück, dass wir nicht abgeschoben wurden. Irgendjemand hat dafür gesorgt, dass wir bleiben konnten. Aber dieser Kampf ist nicht spurlos an meinen Eltern vorbeigegangen. Sie haben sich oft gestritten, meine Mutter hat irgendwann total zugemacht. Sie war eigentlich ein offenherziger Mensch, aber irgendwann hat sie nur noch abgeblockt.

Ich habe immer das Gefühl gehabt, dass ich anders bin. Früher konnte ich damit nicht so gut umgehen. Aber heute sehe ich darin etwas Positives. Ich mag es, gegen den Strom zu schwimmen. Und wer sagt, dass ich nicht mit Highheels Rennrad fahren kann? Das mache ich manchmal. Wer sagt mir, dass das nicht geht? Wer will mir sagen, dass das uncool ist? Cool ist, wenn ich mich damit wohl fühle. Und das habe ich erst jetzt mit Mitte 30 angefangen zu verstehen. Es hört sich bekloppt an, aber ich habe zum Beispiel gerade gar nicht das Bedürfnis nach einer Beziehung. Männer spielen einfach keine Rolle. Ich habe zwar meinen Spaß, aber ich setze sie nicht auf ein Podest. Ich möchte jetzt einfach mein Leben für mich leben. Ich mache mein Ding. Ich reise allein. Ich mache vieles allein. Ich strahle das aus, diese Eigenständigkeit. Ich bin sehr selbstständig und formuliere das auch Männern gegenüber, und manchmal wirkt das einschüchternd. Aber ich bin nicht der Typ Frau, der schwärmend vor dem Mann steht. Deswegen bin ich auch nicht jedermanns Typ. Und das ist gut so. Mein Credo ist nicht, eine Beziehung zu haben, um dem gesellschaftlichen Anspruch treu zu bleiben. So geht das für mich nicht. Ich habe das begriffen und fühle mich damit wohl.

Klar hatte ich auch eine Phase mit vielen Selbstzweifeln. In den letzten zwei Jahren habe ich mir natürlich viele Gedanken darüber gemacht. Ich werde älter, meine Freunde kriegen Kinder und heiraten. Und ich? Stimmt etwas nicht mit mir? Dieser ganze Gedankensalat. Eine Zeitlang hing mir auch meine Mutter ständig in den Ohren. Irgendwann habe ich ihr gesagt: Guck dir deine Beziehung an! Das ist kein Vorbild. Würdest du jetzt glücklicher sein, wenn du wüsstest, dass ich einen Freund habe, der mich liebt, aber aller paar Wochen mal zuschlägt? Also sei doch froh, dass ich mein Ding mache! Das hat sie verstanden, denn sie war auch nicht happy in meiner Familie.

Als ich in Mexiko war, habe ich einen Mann kennengelernt, und wir haben uns ineinander verliebt. Das war alles sehr wild. Irgendwann habe ich gemerkt, dass ich mit den kulturellen Unterschieden nicht so gut klarkomme. In Mexiko ist die Mutter immer die Heilige, sie hat immer Recht. Ich will nicht sagen, dass es bei allen Mexikanern so ist, aber ich habe diese Erfahrung gemacht und wusste: Das wird nichts. Das ist sicher auch eine Frage des Charakters, was man mitmacht. Je älter ich werde, desto gefestigter bin ich und mache nicht mehr so viele Kompromisse. Ich weiß zu sehr, was ich will, als dass ich mich ganz und gar nach den Beziehungsregeln einer anderen Kultur richten könnte.

Vielleicht bin ich mit 35 auch ein bisschen zu festgefahren in meinen Vorstellungen, aber das habe ich durch meine Eltern gelernt. Die hatten nie eine stabile Beziehung, und das hat mich geprägt. Wenn ich eins nicht will, dann ist es unglücklich zusammen zu sein. Das ist doch Bullshit. Ich sehe das auch in meinem Bekanntenkreis immer wieder. Manche Leute denken, das Leben wäre schöner, wenn man mit jemandem zusammen ist, egal ob man mit diesem Menschen wirklich glücklich sein kann oder nicht. Ich bin überzeugt, dass man viel einsamer mit jemandem zusammen sein kann als allein. Deswegen macht es mir auch nichts aus, allein zu reisen. Viele sagen: »Oh Gott, du bist verrückt, fühlst du dich nicht einsam?« Aber ich habe gelernt, die Zeit für mich zu genießen, und das ist kein blöder Spruch. Ich kann gut Sachen für mich selbst machen. Außerdem knüpfe ich schnell Kontakte und bin selten allein und auch jetzt sehr zufrieden mit meiner Situation.

Seit dieser Surfgeschichte bin ich geheilt. Ich bin einfach entspannt und stresse mich nicht mehr damit. Ich genieße mein Leben, und ich lerne ja auch Männer kennen, aber ich mache da keinen Akt draus. Und mal ganz ehrlich: Im Moment treffe ich selten Männer, die mich wirklich interessieren. Das kommt nicht sehr oft vor, dass ein Mann auftaucht und quasi das ganze Paket stimmt. Früher war das anders. Als ich jünger war, war ich dauerverliebt. Jetzt ist das nicht mehr so.

Ich bin ein Mensch, der viel nachdenkt. Ich diskutiere viel mit mir herum. Ich mache viel mit mir selbst aus. Wenn man sich überlegt, was einem an einem Tag durch den Kopf geht, das ist der Wahnsinn. Was da für ein Traffic ist. Und beim Surfen hast du das nicht mehr. Du bist einfach nur du. Du schaltest deinen Kopf ab. Du machst dir keine Gedanken mehr darüber. Geld verdienen, Kinderkriegen, Beziehungen, bla, bla, bla. Das ist alles weg, du bist nur in dem Moment auf dem Wasser und hast den anstrengenden Gedankenfluss nicht mehr. Das hat mir ein gutes Gefühl gegeben. Alles ist gut. Das ist ein freies Gefühl. Du schwimmst auf dem Ozean und da ist sonst nix, nur du mit dem Wasser und den Wellen, die schluckst du auch immer mal. Das hat so einen Spirit. Du bist frei und musst niemandem entsprechen und hast keinen Druck. Nichts. Und das ist das Gute. Es ist ein krasser Sport, und du verausgabst dich. Vielleicht hätte es auch etwas anderes sein können. Klettern zum Beispiel. Vielleicht war es eine Sache, die zum richtigen Zeitpunkt gekommen ist. Das war ein gutes Timing.

ZWISCHENSTATION

Als wir Mitte August zu unserer Recherche aufbrechen, ist es überraschend kühl. Noch sind Sommerferien, Zeit für großes Gepäck. Wir sind auf dem Weg nach Baden-Württemberg, wohin genau, dürfen wir nicht sagen, manche Frauen wollen weder mit ihrem richtigen Namen noch mit ihrem Wohnort genannt werden. Dabei interessiert uns nur, was Frauen mit Mitte 30 umtreibt, wie sie leben und wie sie über ihr Leben denken. Als wir gerade einsteigen wollen, klingelt mein Telefon. Unsere erste Interviewpartnerin sagt ab. Sie habe es sich noch einmal überlegt und sei zu dem Entschluss gekommen, dass sie ihre Situation doch nicht preisgeben möchte. Sie ist geschieden und lebt mit ihrem Kind seit zwei Jahren allein. Im Grunde nichts Besonderes. Viele Beziehungen gehen nach ein paar Jahren in die Brüche. Von den etwa acht Millionen Familien in Deutschland sind fast 20 Prozent Alleinerziehende. Wenn jede fünfte Familie aus nur einem Elternteil besteht, warum daraus ein Geheimnis machen? Damals, als die Frau ihre Geschichte im Vorgespräch erzählt hatte, klang es nach einem lang ersehnten Befreiungsschlag. Wir hatten gehofft, einer von klassischen Familienkonzepten emanzipierten Frau zu begegnen. Doch nun, kurz vor unserem Besuch bedrängen sie Zweifel. Seit kurzem sei ihr klar geworden, wie heikel es wäre, wenn sie ihre Geschichte publik machte. Auf ihrer Stirn würde für immer dieses Zeichen stehen: alleinerziehend. Quasi ein Synonym für gescheitert. Sie würde nur mitmachen, wenn wir nicht erwähnten, dass sie alleinerziehend sei. Doch wie sollen wir diese Geschichte aus ihrem Leben heraushalten? Sie hätte jemanden kennengelernt und sei so gut wie frisch verliebt. Wenn wir wollten, könnte sie uns ja diese Geschichte erzählen.

Wir stehen am Gleis und sind ratlos. Von hinten drängeln schon die anderen Reisenden. Mit dem Strom der Passagiere werden wir in den Zug hineingezogen, hinter uns eine leicht verwirrte ältere Russin, die uns in gebrochenem Deutsch anspricht. Erst nachdem wir eingestiegen sind, haben wir verstanden, was sie von uns will. Und genau in diesem Moment setzt sich der Zug auch schon in Bewegung. Wir fahren richtig, sie fährt falsch. Vergeblich hämmert sie noch ein paar Mal gegen die Tür. Ich will sie trösten, sage: »Machen Sie sich nichts draus, es gibt nur Wege, keine Umwege.« Die Komplizin verdreht die Augen, ich kann es genau sehen. »Da fährt jemand in die falsche Richtung, und du erklärst ihm, dass es im Leben sowieso nur einen Weg gibt, der uns alle früher oder später unter die Erde führt.« Zum Glück ist die Russin schon viel zu sehr beschäftigt mit der Suche nach ihrer Fahrkarte und der Frage, ob der Schaffner ihren Fehler durchwinkt. Wer weiß, welche Umwege wir gerade auf uns nehmen, ohne es zu wissen. Wer wird uns noch absagen?

Vielleicht hatte unser Anliegen zu harmlos geklungen. Wir wollten mit Frauen darüber sprechen, was sich mit 35 verändert hat. Es ging uns nicht um die großen Dramen, durch die sich das Leben von einem Tag auf den anderen radikal wandelt. Wir meinten nicht diese berüchtigten Schicksalsschläge, nach denen sich plötzlich das ganze Leben umstellt. Für diese Art von Geschichten gibt es sicher kein vorausgesetztes Lebensjahr. Wir waren einfach neugierig, wo andere Frauen mit Mitte 30 angekommen sind, wie sie sich in ihren Leben eingerichtet haben und wie sie sich ihre Geschichte erzählen. Was sie bedrückt und was sie mutig macht. Welche Ängste und welche Wünsche sie beschäftigen. So wie Maxie

Wander in ihrem Buch *Guten Morgen, du Schöne* geschrieben hat. »Ich halte jedes Leben für hinreichend interessant, um anderen mitgeteilt zu werden. … Entscheidend war für mich, ob eine Frau die Lust oder den Mut hatte, über sich zu erzählen.« Diese Porträts sollten für sich selbst stehen und nicht einer übergeordneten These dienen. Denn gibt es etwas Interessanteres, als den Lebensgeschichten anderer Menschen zuzuhören? Zu verstehen, wie die Erfahrungen unsere Ansichten geprägt und unser Leben verandert haben? Und wo wir uns als noch ziemlich junge Frauen jetzt selbst verorten? Wissen wir inzwischen, was uns glücklich macht?

Mit diesen Fragen waren wir gestartet, und nun sitzen wir im Zug quer durch Deutschland und diskutieren darüber, ob das Bedürfnis, sich immer eine gute Geschichte erzählen zu wollen, auch eine Art Überlebenswille ist. Gut im Sinne von gelungen, nicht im Sinne von interessant, widersprüchlich, verzweifelt, tragisch. Ist diese Frau, die uns abgesagt hat, einfach zu feige, oder fehlt ihr das Selbstvertrauen, zu ihrer Geschichte zu stehen?

Der Himmel hat sich abgewandt, eine hellgraue Masse hängt nun über dunkelgrauen Hügeln. Die Russin ist an der letzten Station ausgestiegen, hat sich für unsere Hilfe bedankt, obwohl wir im Grunde nur ein Hindernis gewesen sind. Vielleicht aus purer Höflichkeit. Vielleicht verbarg sich hinter diesem Dank auch jene Art Bescheidenheit, die uns jungen Frauen geradezu altmodisch erscheint. Vieles, was für uns heute selbstverständlich ist, haben Generationen von Frauen vor uns erst erkämpfen müssen. Meine Oma zum Beispiel. Sie hat ihren Mann sicherlich geliebt, aber sie war auch verdammt froh, als sie nach seinem Tod noch ein paar Jahre so leben konnte, wie sie es wollte. Auch wenn ihre Freiheit vor allem darin bestand, jeden Abend bestimmen zu dürfen, welches Fernsehprogramm läuft. Viele Stunden

meiner Kindheit habe ich bei ihr verbracht. Wir saßen zu-
sammen auf der Couch, schauten fern und unterhielten uns.
Manchmal stand sie auf, ging in die Küche und rauchte eine
Zigarette. Und das war ihr ganzes Glück.

Das ist fast dreißig Jahre her, und heute lächeln wir über
solche Freiheiten. Sind unsere Fragen also doch nur diese
Art von Luxusproblemen, hinter denen sich ein großes Maß
an Selbstüberschätzung verbirgt? Weil wir zu viele Möglichkeiten haben, quälen wir uns mit der Entscheidung, das
Richtige zu tun.

Sind wir verwöhnt von den Freiheiten, die andere für uns
errungen haben? Keine andere Generation vor uns hat erlebt, was es bedeutet, mit dieser Freiheit verantwortungsvoll
umzugehen. Wie überfordert waren wir, als wir nach langen
Schuljahren endlich auf dem Bahnhof standen und auf den
Zug warteten, der uns zu den aufregenden Abenteuern bringen sollte? Wie orientierungslos irrten wir durch die Hörsäle
und Seminare, jahrelang ohne zu wissen, was wir von diesem
Ort eigentlich wollten.

Wir fahren durch größere und kleinere Orte, mal hält der
Zug, mal nicht. Die Menschen hier sehen anders aus, und
auch die Bahnhöfe haben sich verändert. Aus den dunklen
Hallen sind Betonkämme geworden, durch die die Züge
hindurchsausen, während die Reisenden die engen Gitter-
treppen hinuntereilen. Die Komplizin hat sich hinter die
Zeitung zurückgezogen, ich betrachte mein Telefon, aber es
bleibt still.

Auf unserer Reise übernachten wir auch bei einem Bekannten, der fast fünfzehn Jahre jünger ist und in einer
Dreier-WG wohnt. Plötzlich kommen wir uns ziemlich alt
vor. Längst habe ich vergessen, in welcher erstaunlichen
Rumpeligkeit ich jahrelang gehaust habe, ohne zu verstehen, warum meine Eltern mich nie länger besucht haben.

Meinem Vater war es zu kalt und meiner Mutter zu dreckig. Ich zuckte mit den Schultern und dachte, das sei eben Spießigkeit. Insgeheim hoffte ich, ihre engen Vorstellungen vom richtigen Zusammenleben erweitern zu können. Ich deutete ihre Kritik nur als Vorwand, hinter dem sich ein tieferes Misstrauen gegenüber alternativen Lebensmodellen verbarg. Ein altmodisches Unwohlsein, mit fremden Menschen auf so engem Raum leben zu können. Mein Vater nannte es zweckmäßig, und damit war die Sache für ihn abgehakt.

Und jetzt sitzen wir an einem kühlen Augustabend in einer ganz gewöhnlichen WG-Küche und versuchen, nicht in die Ecken zu schauen. In dem Regal links von uns bewahren sie in Fächern getrennt ihre Vorräte auf, auf den meisten Sachen liegt eine dicke Schicht Staub. Ich suche nach Tee und finde in einer alten Dose verschimmeltes Brot. Ein befremdliches Gefühl überfällt mich. Eine Mischung aus Ekel und Erschrockenheit darüber, wie nah ich meinen Eltern inzwischen gekommen bin. Näher, als mir das bislang bewusst gewesen ist. Sind wir schon spießig geworden, ohne dass wir es gemerkt haben? Innerhalb von wenigen Jahren und nur weil wir diese scheinbar natürliche Räudigkeit von Zweckgemeinschaften nicht mehr ertragen? Offenbar sind wir längst in einer anderen Welt angekommen, ohne dass wir es gemerkt hätten. Als wären wir für ein paar Jahre gar nicht in unseren Leben anwesend gewesen, haben sich heimlich unsere Ansprüche und vermutlich auch unsere Ansichten verändert, aber das spüren wir erst jetzt, als wir eine Nacht in dem verwahrlosten Zimmer einer Geografiestudentin übernachten.

Die Komplizin hat irgendetwas, was genau kann sie aber nicht sagen und geht früh zu Bett. Ich bleibe noch wach, neben dem Balkon hängt eine Plakette mit dem Foto eines jungen Mannes. Unter dem Namen stehen seine Lebensdaten. Er ist vor mehr als einem Jahr hier gestorben, während einer

Party. Seine Freundin war schon zu Bett gegangen, während er noch mit vielen anderen draußen auf dem Balkon gestanden hat. Plötzlich war er fort, doch niemand bemerkte sein Verschwinden. Erst als die Freundin anfing ihn zu suchen, entdeckten sie ihn auf dem Rücken liegend auf dem Hof. Er war tot, bevor der Rettungsdienst kam. Bis heute weiß niemand genau, was passiert ist, obwohl so viele Menschen im Raum waren. Wie kann jemand vom Balkon stürzen, ohne dass die anderen es merken? War es der Alkohol, Drogen? War es Selbstmord oder einfach ein Unfall? Ein lächelnder zukunftsfroher Mann schaut mich an. Er war knapp 24 Jahre alt, hatte angefangen zu studieren. Unter seinem Bild steht ein Zitat des Schriftstellers Jonathan Safran Foer. »My life story is the story of everyone I've ever met.«

Es turnt mich an, wenn mein Mann mit einer anderen Frau schläft.

Edda, Lehrerin, über sexuelle Abenteuer im Familienalltag

Edda ist verheiratet, hat zwei Kinder und arbeitet als Lehrerin in Baden-Württemberg. Gerade hat sie frei, es sind Sommerferien. Erst vor kurzem ist die Familie in ein altes Bauernhaus gezogen. Manches hat seinen Platz noch nicht gefunden oder ist noch gar nicht ausgepackt. Ihre Nichte ist zu Besuch und passt auf die beiden Kinder auf, während wir uns unters Dach zurückziehen. Hier trifft sich Edda mit ihrem Mann, wenn sie über die geheimen Dinge abseits ihres Alltags sprechen wollen. Was es heißt, sich treu zu sein, und warum es trotzdem in Ordnung sein kann, hin und wieder fremdzugehen. Seit Edda Mitte 30 ist, versucht sie mit ihrem Mann eine offene Ehe zu leben – mit überraschenden Folgen. Unter dem Fenster liegen zwei Sitzsäcke, daneben ein kleiner Tisch mit einer Flasche Wein. Edda überlegt nicht lange. Sie zündet sich eine Zigarette an und fängt an zu erzählen.

Es ist nichts, worüber man mit Freunden spricht. Dahinter steckt ein langer Prozess, der auch noch nicht abgeschlossen ist. Denn ich habe noch nicht mit einem anderen Mann geschlafen, während er den Schritt schon gegangen ist. Man darf nicht vergessen: Ich stecke in einem kleinen baden-württembergischen Dorf. Ich wüsste gar nicht, mit wem das sein sollte. Wenn ich das den Leuten hier erzählen würde, die würden mir einen Vogel zeigen. Es sind ja alle verheiratet und sehr gesittet und sehr perfekt. Und wenn dann jemand ausschert und eine Affäre hat, dann wird sich getrennt. Mit Anwalt und Streit ums Sorgerecht. Wir haben gesehen, wie etliche Paare ihre Beziehung gnadenlos gegen die Wand gefahren haben. Weil die Kommunikation nie da war. Man wird so sozialisiert: Affären sind böse. Sie machen alles kaputt, sind zerstörerisch, verursachen Schmerz und Eifersucht und haben überhaupt nichts Positives. Mit solchen Vorstellungen bin ich groß geworden.

Ich bin im Prinzip mit meiner Mutter allein in einer Kleinstadt in Mecklenburg aufgewachsen, weil mein Vater in Berlin studiert hat und die Woche über nicht da war. Meine Mutter hat es wirklich sehr schwer gehabt. Sie ist Kindergärtnerin gewesen, und wir haben in einer Dachgeschosswohnung gewohnt. Jeden Abend musste sie fünf Eimer Kohlen aus dem Keller holen. Ich habe noch eine Schwester, die ist drei Jahre älter als ich. Meine Mutter hatte überhaupt gar keinen Sinn und keine Zeit für uns. Die war absolut am Limit. Sie hatte Migräne und ein chronisches Nierenleiden. Das war eine harte Zeit für sie, und das haben wir zu spüren gekriegt. Die Strafen meiner Mutter waren drakonisch. Wenn wir uns am Frühstückstisch nicht benommen haben, wurden wir schnurstracks zurück ins Bett geschickt. Da haben wir auch mitunter den Rest des Tages verbracht. Ich habe später noch jahrelang Angst vorm Bett gehabt, weil das für mich eine Strafe war. Wenn mein Vater dann am Wochenende kam, hat er meistens am Schreibtisch gesessen und gearbeitet. Er hat erst Lebensmittelchemie studiert und später Jura und hat am Wochenende immer russische Übersetzungen gemacht. Er hat Gebrauchsanweisungen für Radios vom Russischen ins Deutsche übersetzt. Das war sein Nebenverdienst. Er hatte nicht viel Zeit für uns. Das sind so die frühesten Kindheitserinnerungen. Wir waren sehr früh sehr selbstständig, viel bei den Großeltern. Es war wenig Geld da und ein hartes Leben.

Meine Eltern sind nach der Wende beide ruckizucki rausgeschmissen worden. Mein Vater hatte bei einem Futtermittelbetrieb gearbeitet, und meine Mutter war Erzieherin. Mein Vater hat sehr schnell wieder eine neue Stelle gefunden. Er war gerade mit seinem Jurastudium fertig und ist als Jurist eingestellt worden. Aber meine Mutter ist nicht wieder reingekommen. Sie hat verschiedene Stellen in Jugendclubs bekommen und ist überall durchgereicht worden, und irgendwann hat sie sich als Tagesmutter selbstständig gemacht.

Als ich 14 Jahre alt war, sind wir aufs Dorf in das Elternhaus meiner Mutter gezogen. Seitdem wohnen sie da und haben uns mitgenommen, was ich gehasst habe, weil ich auf gar keinen Fall aufs Dorf wollte. Da wäre ich fast von der Schule geflogen, weil meine Noten abgesackt sind. Ich hab da keinen Sinn mehr drin gesehen. Ich wollte vom Gymnasium abgehen und an einer Berufsschule eine Ausbildung zur Friseuse machen. Meine Eltern waren einverstanden. Mein Zeugnis war auch wirklich schlecht. Und dann haben meine Freunde ein kleines Abschlussfest organisiert, und da setzte sich plötzlich ein junger Mann zu mir ans Lagerfeuer und meinte, ich wäre doch ein schlaues Mädchen und das Abitur sei wirklich nicht schlecht. Es hat eine Stunde gedauert, und dann bin ich am nächsten Morgen mit dem Rad nach Hause gefahren und habe meinen Eltern verkündet, dass ich jetzt doch Abitur mache. Meine Mutter hat nur gesagt, ich solle das selbst klären. Also bin ich zum Direktor gegangen und habe nochmal die Kurve gekriegt.

Obwohl meine Eltern in meiner Erinnerung immer getrennt waren, weil mein Vater ja in Berlin studiert hat, bin ich doch in einem recht konservativen Elternhaus aufgewachsen. Die Ehe war unantastbar. Scheidung gab es bei uns nicht. Auch nicht im näheren Verwandtenkreis. Keine Anomalitäten, niemand, der aus der Reihe getanzt ist. Man war verheiratet und hatte Kinder, und das war die Familie. Und jede Familie war auf sich gestellt. Nie in meinem Leben hätte ich das angezweifelt. Ich bin nicht auf den Gedanken gekommen, dass es da noch andere Möglichkeiten gibt. Ich weiß gar nicht, wann ich in meinem Leben zum ersten Mal was von Homosexualität gehört habe.

Mit 13 hatte ich meinen ersten Freund, und dann wechselte das monatsweise. Ich hatte viele Freunde. Meine Eltern haben irgendwann nicht mehr gefragt. Ich fand viele Jungs einfach interessant und wollte mir die angucken. Und so bin ich auch durchs Leben gegangen, ohne mir irgendeine Platte zu machen, wie das wirkt. Ich hatte keinerlei Vorbilder und war absolut unerfahren. Das ist jetzt mit 35 natürlich anders.

Meine erste große Liebe war André. Ich fand ihn sehr attraktiv, auch weil er zehn Jahre älter war als ich. Wir haben uns in dem Café kennengelernt, in dem ich damals gekellnert habe. Ich war 18 und das erste Mal richtig verliebt und fand es ganz schlimm, dass wir uns so selten gesehen haben. Er hat in einer anderen Stadt gewohnt, und wir haben uns nur ein, zwei Mal im Monat gesehen. Nach zwei Jahren habe ich herausgefunden, dass er die ganze Zeit parallel noch eine andere Freundin hatte. Also von Anfang an. Und zwar seine Mitbewohnerin, mit der er in einer WG gelebt hat. Ich war schon misstrauisch geworden und habe dann Briefe gefunden mit Nacktfotos. Da ist eine Welt zusammengebrochen. Es hat mich eiskalt erwischt. Das war so ein Wendepunkt.

In meiner Not habe ich Rat bei meinem Vater gesucht. Im tiefsten Schmerz bin ich zu ihm gegangen. Mein Vater und ich hatten damals eine sehr gute Beziehung. Doch das Gespräch verlief überhaupt nicht so, wie ich es mir vorgestellt hatte. Mein Vater zog die Augenbrauen hoch, atmete tief durch, schob seine Kaffeetasse hin und her und sagte: »Nun ja, dann bist du an einem Punkt angekommen, an dem du dich entscheiden musst.« Ich hatte die totale Empörung erwartet, nach dem Motto »So ein Arsch, den knöpf ich mir vor!« Stattdessen hat er gesagt: »Ich kann ihn verstehen. Ich lebe schon immer so.« Das war die Offenbarung meines Vaters. Das Gespräch entglitt.

Seine Frauen kannte ich alle, sie waren durchaus bei uns zu Hause zu Besuch gewesen. Er hatte sie immer als seine Freundinnen vorgestellt. An diesen Wochenenden war meine Mutter immer besonders gereizt und schlecht drauf gewesen. Sie hat sicher geahnt, was los war, und hat es trotzdem mitgemacht. An diesem Abend hat mein Vater mir sein Leben offenbart und mich damit zurückgelassen. Ich war viel zu jung für so ein Gespräch. Ich hätte das anders gemacht. Aber er hatte niemanden, mit dem er das teilen konnte. Und ich wurde schon immer für reifer gehalten. Das ist mir da auf die Füße gefallen. Er kannte mich einfach zu wenig.

Nach dem Gespräch habe ich mich nicht von meinem Freund getrennt. Und dann bin ich in eine Abhängigkeit geraten. Ich hätte sagen müssen: »Tschüss Kollege, ich bin hier raus.« Aber das war seine große Stärke. Er hat mir immer das Gefühl gegeben, dass ich jederzeit gehen kann. Er wolle seine Freiheit auf gar keinen Fall verlieren. Aber wenn ich dann gegangen bin, ist er mir hinterhergelaufen. Er hat mich immer wieder weichgekriegt, und ich war nicht in der Lage zu sagen: stopp. Ich war haltlos, ich wusste nicht wohin mit mir. Er hat es gut im Griff gehabt, mein Selbstwertgefühl unten zu halten. Zum Beispiel hat er immer mal gesagt: »Pass doch mal ein bisschen mit dem Essen auf. Willst du nicht ein bisschen Sport machen?« So hat er mich in eine Essstörung reingetrieben. Auf solche Sachen bin ich voll eingestiegen.

Ich wollte ihm gefallen, und dieser Kampf war ausgebrochen: Ich muss es schaffen, diesen Mann zu halten und für ihn die Nummer eins zu werden.

Das war eine ganz interessante Phase in meinem Leben, die ich auch nicht missen möchte. Die hat mich geprägt und mir sehr viel Schmerz gegeben und sehr viel Abgrund. Es war interessant zu sehen, was Unglücklichsein mit einem machen kann. Ich habe Panikattacken bekommen und verschiedene Ängste ausgebildet. Ich hatte plötzlich Angst vor vielen Menschen, Angst vorm Fliegen, Angst vor Dunkelheit, Angst vor bestimmten Speisen. Es wurde immer kleinschrittiger, bis ich nachher Angst hatte, bei offenem Fenster zu schlafen oder gelbe Sachen zu essen. Das wurden richtige Neurosen. Dann wurde ich medikamentenabhängig. Ich habe gemerkt, wenn ich ziemlich hoch dosierte Schmerztabletten nehme, setzt ein Zustand ein, der mich dumpf macht. Plötzlich hatte diese Angst keine Chance mehr. Ich hab angefangen diese Tabletten zu nehmen und gemerkt, dass sie mir guttun. Ich bin regelmäßig zum Arzt gegangen, um mir Diazepam verschreiben zu lassen. Ich hab angefangen zu horten und zu sammeln und hab dann schon morgens, bevor ich zur Arbeit bin, die erste Tablette genommen. Ich hatte immer was dabei, habe jeden Abend was gebraucht. Ich war abhängig, das muss ich klar sagen. Hätte mir jemand die Tabletten weggenommen, wäre ich durchgedreht. Die haben mich beruhigt. Und dann habe ich gesagt, ich brauche Hilfe. Ich bin drei Jahre in Gesprächstherapie gewesen. Da war ich zwischen 23 und 26. Das war wichtig für meine Entwicklung. Dann war ich auch in der Lage, eine Grenze zu ziehen. Mit 25 hatte ich zum ersten Mal das Gefühl: Es ist vorbei.

Ich würde mir eher die Hand abhacken, als nochmal Anfang 20 zu sein. Ich möchte nicht nochmal in diese Zeit zurück, in diese Orientierungslosigkeit. Ich hatte keinerlei Maßstäbe. Ich bin herumgestolpert, und es ballerte nur so auf mich ein. Das hat ein paar Jahre überhaupt keinen Spaß gemacht. Ich musste richtig um mich kämpfen und merke erst jetzt, wie verloren ich damals war. Dagegen bin ich jetzt eine ganz andere Frau, so kommt es mir inzwischen vor. Wenn ich mir selbst begegnet wäre in dieser Zeit, hätte ich mich geschnappt und ein langes Gespräch mit mir geführt. Und ich weiß inzwischen ja auch, woher das kommt. Meine Mutter hat mich nie zu einem selbstbewussten Mädchen erzogen. Ganz im Gegenteil. Meine Mutter hat mir genau das vorgelebt. Sie hat alles akzeptiert, was mein Vater gemacht hat. Und ich glaube, meine Mutter wusste genau, was da gelaufen ist, und hat den Mund gehalten. Ich hatte nach der Geschichte ein Gespräch mit ihr. Sie hat gesagt: »Treue ist das Wichtigste in einer Beziehung. Wenn dein Partner nicht treu ist, geht das nicht, da gehst du kaputt dran.« Wie reagiert man da? Was sagt man da seiner Mutter? Ich war ihr in diesem Moment absolut überlegen, und es gab Situationen, in denen ich gedacht habe: Ich erzähl ihr einfach alles, dieser Klugscheißerin. Wieso hat sie mich denn nie zu einem selbstbewussten Mädchen erzogen? Wieso hat sie selbst nie stopp gesagt?

An meinem 25. Geburtstag habe ich mit Theo geschlafen. Er hat in der Stadt eine Kneipe geführt, und ich war mit einer Freundin da und wusste, diesen Mann kenne ich von irgendwo her. Es hat sofort Zoom gemacht. Ich habe ihn zu meinem Geburtstag eingeladen. Doch nach dieser Begegnung hat sich das erst einmal verlaufen, weil ich keine feste Beziehung wollte. Erst nach knapp zwei Jahren hat es geklappt, und dann war sofort klar, wir möchten gern zusammen sein und haben uns an den Händen gefasst und sind losgelaufen. Ich hatte damals gerade mein Studium beendet und wollte nicht in der Stadt bleiben. Über eine Freundin hatte ich einen Job an einem Institut für Lerntherapie in der Nähe von Heidelberg gefunden. Ich habe Theo nicht gefragt, ob er mitkommt. Ich habe nur gesagt: Ich werde gehen. Und wenige Monate später hat er beschlossen, dass er mitkommt, und dann sind wir gemeinsam gestartet.

Wir haben von Anfang an über Offenheit in der Beziehung gesprochen. Ich habe zu ihm gesagt: Ich weiß, ich werde irgendwann auch Interesse an anderen Männern haben, und ich glaube auch du wirst nicht das ganze Leben an mir hängen. Und das war mein großer Wunsch, dass wir von Anfang an offen über unsere Gefühle reden. Das war meine Bedingung.

Lange Zeit war das auch erst mal kein Thema, es tauchte nur ab und zu am Rand auf. Zum Beispiel gab es am Anfang noch eine Frau, die wahnsinnig an Theo hing, und da habe ich plötzlich gemerkt, dass mich das irgendwie anturnt. Das war der erste Schritt, bei dem ich gespürt habe, dass mir das total guttut. Auch mit ihm darüber zu sprechen hat mir gutgetan. Aber damals waren wir noch an einem anderen Punkt. Wir waren gerade dabei, uns etwas aufzubauen. Und ich war mit Ende 20 noch nicht gefestigt genug für solche Experimente. Die ersten zwei Jahre haben wir in Mannheim gewohnt. Damals hatten wir überhaupt keine Kohle. Ich habe freiberuflich gearbeitet, und Theo hat sein Studium abgeschlossen. Wir haben damals diverse Versicherungen gekündigt, um das Geld für die Miete zu bezahlen. So waren wir. So standen wir da. Und in der Zeit bin ich zum ersten Mal schwanger geworden. Ich hatte keinen Kinderwunsch. Es ist einfach passiert. Ich bin mit 27 Mutter geworden, und es hat sich nicht einen Moment lang falsch angefühlt. Wir haben uns total gefreut, es war ein Wunschkind. Ich würde das auch immer wieder so machen. Es war nie mein Konzept, einen Plan von meinem Leben zu entwerfen und den dann Schritt für Schritt zu absolvieren. Es ist meistens anders gekommen, und ich habe mich da immer drüber gefreut. Ich bin ein sehr intuitiver Mensch, und ich denke über viele Dinge nicht besonders viel nach. Ich lasse vieles passieren. Hinterher sage ich mir dann: Ach Gott, hat ja alles geklappt.

Ich habe mich eines Tages einfach beim Schulamt gemeldet und gesagt: »Ich bin Lehrerin mit zweitem Staatsexamen, wie sieht's aus?« Am Telefon meinte die Frau: »Sie haben einen guten Abschluss und Sie kommen aus dem Osten, das nehmen wir gern hier.« Sie hat keinen Hehl daraus gemacht, dass Ossis als recht arbeitsam gelten. Und zwei Wochen später hatte ich eine Festanstellung mit Verbeamtung in der Tasche, ohne dass ich mich irgendwo vorgestellt hätte. Ich weiß nicht, wie ich an den Job gekommen bin. Die Stellen sind ja hier sehr begehrt. Das war ein Sechser im Lotto. Seitdem bin ich also Lehrerin an einem Gymnasium in Baden-Württemberg.

Für mich spielt der Job keine so wichtige Rolle. In meinem Kollegium haben viele Frauen einen ganz ausgeklügelten Lebensentwurf. Sie haben alle mit 1,0 abgeschlossen und sich an hundert Schulen beworben, aber alle liegen hier im Umkreis. Die machen jetzt also Karriere, streben die A14-Stelle an und dann kriegen sie ein Kind. Das ist absolut nicht mein Entwurf. Ich habe es sehr genossen, dass es so kreuz und quer ging, und denke jetzt: Macht nur, Mädels, aber es kommt vielleicht anders. Verbeißt euch bloß nicht zu sehr in euren Plan. Und diese intuitive Art, an die Sachen heranzugehen, die habe ich schon immer gelebt, aber bewusst geworden ist sie mir auch jetzt erst so richtig, in den letzten Jahren.

Ich muss Vertrauen haben, absolutes Vertrauen. Und dann kann ich auch genießen, wenn mein Mann mit einer anderen Frau schläft. Dieses Thema war immer präsent in unseren Gesprächen, aber dazu gekommen ist es erst vor ein paar Monaten. Er hat eine Frau kennengelernt, die er attraktiv fand, und irgendwann haben sie sich auch geküsst. Das hat er mir erzählt. Er war völlig aufgelöst, er hatte Angst, dass die Situation kippt. Das passierte aber nicht. Ich fand das aufregend, und es ist dann nochmal viel Zeit vergangen, bis sie miteinander geschlafen haben. Ich habe die ganze Zeit in mich hineingehört. Ich wollte nicht in diese Falle tappen, es ihm zuliebe zu machen. Er war sich lange Zeit nicht sicher, ob ich ehrlich bin. Und ich habe ihn immer wieder darin bestärkt, dass das für mich in Ordnung ist. Weil ich mir sicher bin, dass diese Frau keine Gefahr für uns bedeutet.

Heute Abend ist er zum Beispiel bei ihr. Das ist totaler Zufall. Sie treffen sich vielleicht einmal alle vier Monate und auch nicht spontan. So banal es klingt, es ist wie eine Terminabsprache. Er sagt mir etwa eine Woche vorher Bescheid und fragt mich, wie es bei mir aussieht, was ich für Termine habe, wie es mir überhaupt momentan geht. Wir schauen immer wieder neu, wo wir gerade stehen. Ob der Moment passt, ob ich mir gerade sicher bin. Da geht es viel auch um uns. Wenn er dann dorthin fährt, bin ich vorher natürlich auch aufgeregt, und ich freue mich jetzt schon auf das Wochenende, wenn wir darüber sprechen und das teilen. Er weiß mittlerweile, dass mich solche Gespräche absolut erregen. Das macht total viel Spaß. Es spricht mich sexuell sehr an, wenn ich weiß, dass mein Mann mit einer anderen Frau geschlafen hat. Diese Geschichte hat meine Lust wieder enorm aufflammen lassen. Denn nach den Entbindungen hatte ich ganz schön zu kämpfen mit Körperlichkeit, weil ich größere Verletzungen davongetragen habe. Es war jahrelang nur unter bestimmten Regeln möglich, Sex zu haben. Es musste genau eingespielt sein, damit es nicht schmerzhaft war. Es hat sich aber gebessert. Dazu kommt, dass ich in Stresssituationen keinen Bock mehr habe. Ich habe wochenlang kein sexuelles Interesse. Es tut mir auch leid, weil ich grundsätzlich ein sehr aktiver Mensch bin. Unser Sexleben ist nicht tot, wir schlafen auch sonst miteinander, aber im Alltag mit der Arbeit und dem Stress fällt es mir schwer, in Fahrt zu kommen.

Es ist wie ein verlängertes Vorspiel für mich. Wenn ich jetzt weiß, dass er heute Abend bei ihr ist, gehe ich lächelnd ins Bett und freue mich, wenn er wiederkommt und mir alles erzählt. Wir lassen uns auch Zeit dafür. Wir sitzen dann abends bei einer Flasche Wein zusammen und er erzählt mir alles, und anschließend werden wir irgendwann miteinander schlafen, und das ist ganz toll. Ich bin dann sehr bei ihm und in diesen Momenten geht es wirklich um uns beide und um unseren Sex. Das genieße ich voll und ganz mit dem Kick, dass er in der Woche mit einer anderen Frau geschlafen hat. Damit setzen wir uns Highlights.

Ich weiß nicht, ob ich jemals in die Situation kommen werde, Sex mit einem anderen Mann zu haben. Ich weiß, dass Frauen anders funktionieren als Männer. Es muss schon kribbeln, bevor ich mit jemandem ins Bett gehe. Ich muss ein bisschen verknallt sein. Sonst funktioniert das nicht. Und das versetzt Theo in eine gewisse Unruhe. Es ist ja nicht nur die Idee, sondern auch eine Frage der Umsetzung. Viele sagen: offene Beziehung – bin ich dabei. Aber so etwas zu gestalten und miteinander zu teilen ist eine ganz andere Geschichte. Als diese Frau aufkreuzte, habe ich mich total gefreut. Sie ist nett, ich mag sie sehr gern. Sie weiß, dass ich es weiß. Wir haben diverse Abende zusammen verbracht, wo wir über das ganze Konzept gesprochen haben. Für sie ist es eine Bereicherung. Sie ist auch verheiratet und lebt in einer offenen

Ehe. So jemanden zu treffen ist sehr selten und ein großes Glück. Denn die meisten wissen ja gar nicht, was eine offene Beziehung überhaupt bedeutet. Sie denken, wir sind Leute, die abends im Internet surfen und sich auf irgendwelchen Foren wie www.ehebruch.de austauschen und mit jedem x-Beliebigen ins Bett steigen. Aber so ist das überhaupt nicht.

Die Zeit vergeht, jetzt bin ich gerade so rundum glücklich. Es stimmt in allen Bereichen. Klar gibt es Momente, in denen ich völlig verzweifle, aber auch das macht mich irgendwie glücklich. Und gleichzeitig kann ich neue Grenzen austesten, und das erfüllt mich sehr. Wir werden dadurch auch nochmal als Paar mehr. Wir wissen, dass wir etwas Besonderes teilen. Das ist etwas Außergewöhnliches, und es bleibt unser Geheimnis.

Ich habe jetzt mit 35 vieles bereits abgeschlossen, wie zum Beispiel Hochzeit, Kinder, die berufliche Laufbahn. Ich kenne viele Paare, denen es so geht, und wir alle laufen brav im Hamsterrad. Und zum einen ist dieser Alltag ja wahnsinnig anstrengend und fordert mir eigentlich alles ab. Aber andererseits kann es auch total einschläfernd und ernüchternd sein. Das klingt paradox, aber es ist so. Und diese neue Phase in meiner sexuellen Öffnung lässt mich eine intensive Lebendigkeit in jeder Faser meines Körpers spüren. Das ist wie ein Rausch, nach dem ich süchtig bin.

Leggings waren mein Leuchtturm.
Stefanie, IT-Administratorin, über den Umgang mit dem falschen Körper

Stefanie ist in einem schwäbischen Dorf aufgewachsen und wohnt heute in Frankfurt. Sie arbeitet als Quereinsteigerin in der IT-Branche. Bis kurz vor ihrem 35. Geburtstag lebte sie als Mann. An einem warmen Spätsommertag öffnet uns Stefanie die Tür zu ihrer Dachgeschosswohnung. Sie hat blonde, halblange Haare, trägt eine weite geblümte Bluse und enge Jeans. Ihre Fußnägel sind grün, die Fingernägel rot lackiert. Stefanie ist nervös. Bevor wir mit dem Gespräch beginnen, rauchen wir ein paar Zigaretten zusammen auf dem Balkon. Ihr Zustand sei in den letzten Tagen nicht so stabil. Was das genau heißt, will sie nicht sagen. Aber reden können wir gern. Die Einbauküche ist perfekt in die Dachwohnung eingepasst und akkurat aufgeräumt. Es gibt Kaffee und selbstgebackenen Kuchen. Stefanie ist eine große Frau, und die Waage zeigt im Moment noch ein paar Kilo zu viel an. Auch wenn sie Make-up trägt, kann man erkennen, dass sie jeden Tag gegen einen starken Bartwuchs kämpft. Ihre Stimme schwankt vor Nervosität, aber sie zwingt sich, ruhig und langsam zu sprechen. Sie weiß, was sie erzählen will und was nicht.

Ursprünglich komme ich aus einem Dorf mit etwa 5000 Einwohnern in der hinteren schwäbischen Provinz. Die Verhältnisse waren relativ spießig. Die Leute haben dort schon eher einen kleinen Horizont. Mein Vater war Elektriker, meine Mutter Hausfrau. Ich habe noch einen großen Bruder, der ist zwölf Jahre älter als ich. Ich war ein Nachzügler und bin deshalb wie ein Einzelkind groß geworden. In diesem Dorf habe ich gelebt, bis ich etwa 20 Jahre alt war. So richtig ausgebrochen bin ich erst mit 31 Jahren, da bin ich nach Frankfurt gegangen.

Ich hatte eine sehr wechselvolle Schulkarriere. Ich habe zuerst eine solide mittlere Schulbildung genossen, diese relativ erfolgreich abgeschlossen. Ich war ein braves Kind, habe sogar für meine Leistungen einen Preis bekommen. Danach habe ich ein technisches Gymnasium besucht, weil ich doch mehr wollte, und bin gescheitert. Ich habe dort eher selten vorbeigeschaut, und das ging nicht gut. Ich habe die Schule verlassen, habe angefangen in einer kleinen Computerfirma zu arbeiten und bin als Quereinsteigerin geblieben. Ich trage mittlerweile keine Computer mehr herum, sondern sorge dafür, dass alles richtig gewartet und installiert ist, damit die Programmierer in Ruhe arbeiten können, ohne durch irgendwelche technischen Details behindert zu sein. Ich habe mir alles autodidaktisch angeeignet und bin dann nach Frankfurt gegangen, um doch noch etwas zu studieren. Ich habe mich für Wirtschaftsinformatik eingeschrieben. Da habe ich ewig dran herumstudiert und erst dieses Jahr mit 35 den Schlussstrich gezogen.

Stefanie bin ich von Geburt an. Ich denke, dass das Weibliche aus dem Gehirn kommt, und das hat sich ja nicht geändert. Deshalb würde ich sagen, dass ich seit Geburt eine Frau bin. Ich erinnere mich, dass ich als Kind gern mit Puppen gespielt habe. Dafür habe ich Ärger bekommen. Ich habe auch gern bei meiner Mutter in der Küche geholfen und mitgekocht. In der Schule habe ich den Hauswirtschaftsunterricht sehr genossen. Das war vielleicht auch so ein mädchenhafter Einbruch. Mir lag das technische Zeug eigentlich gar nicht.

Jetzt, wo ich darüber spreche, fällt mir das erst auf. Ich war eigentlich gar nicht so technisch interessiert, um Ingenieur zu werden. Das macht mich jetzt gleich ein bisschen konfus.

Meine Mutter ist gestorben, als ich zehn Jahre alt war, und mein Vater ist gestorben, als ich fünfzehn war. Der Tod der Eltern, das waren große Umbrüche für mich. Insgesamt ist mir das alles nicht gut bekommen. Und die restliche Familie hat sich in dieser Situation auch nicht wirklich adäquat um mich gekümmert. Enge weibliche Bezugspersonen hatte ich nach dem Tod meiner Mutter nicht mehr. Mit meinem Vater war das dann sehr überraschend. Das ging innerhalb von ein paar Tagen. Er lag im Bett, wir dachten, er hätte eine schwere Grippe. Dann kam er ins Krankenhaus und ist innerhalb von zwei Tagen gestorben. Es war eine Lungenentzündung und infolgedessen kam es zu einer Blutvergiftung. Er war erst 57. Es war immer so viel los, dass ich mich gar nicht bewusst mit meiner Transsexualität beschäftigen konnte. Nachdem mein Vater gestorben war, kam ich bei meiner Großmutter unter. Das war katastrophal. Sie war damals schon über 80 mit entsprechenden Nebenwirkungen, die ich gar nicht ausführen will. Und da habe ich mich dann nach ein paar Jahren befreit und bin in eine WG gezogen. Das war eine große Erleichterung. Die war zwar auch in einem Dorf, aber das Dorf war um die Ecke.

Der Hang zum Weiblichen und zu Frauenklamotten war zwischen 20 und 30 immer da. Ich habe das nur sehr lang in die Fetischecke einsortiert. Ich habe mir weibliche Kleidung besorgt und zum Teil getragen. Zuerst waren es Leggings. Für mich war das schon in der Schule das Kleidungsstück der Mädchen. Das Symbol der Weiblichkeit. Das Problem war nur, dass ich mich nicht entfalten konnte. Das klingt jetzt blöd, aber ich wusste nicht, wie ich die zum Beispiel waschen soll. Ich habe in einem Haus mit einer Waschküche gewohnt. Da gab es einen Hausmeister und seine Frau, und die wussten wirklich über alles Bescheid, und hätte da in meiner Waschmaschine eine Frauenklamotte rotiert, hätte ich mir in jedem Fall Fragen gefallen lassen müssen. Das war immer so ein Entfaltungsbremser. Und dazu kam, dass ich beruflich in meiner Firma schon relativ weit war, ich war mit Mitte 20 dort schon Geschäftsführerin. Und in der schwäbischen Provinz trifft man halt auch mal die Kunden im Einkaufsmarkt. Das ist mir tatsächlich auch passiert. Da musste ich vorsichtig sein, denn es gibt die wildesten Zufälle. Deshalb habe ich mich da immer zurückgehalten.

Die Zeit zwischen 30 und 35 war dann die entscheidende Phase. Ich habe zu mir selbst gefunden, und das in der radikalsten Form. Ich habe festgestellt, dass ich eine Frau mit vermännlichtem Körper bin. Auch wenn es mir oft anders vorkommt, war ich ziemlich mutig. Ich habe es in dieser Zeit geschafft, viel in Bewegung zu bringen. Habe versucht, mir in der Firma eine neue Perspektive zu schaffen. Ich hatte da eine Minderheitsbeteiligung und wollte mir einen größeren Anteil kaufen. Das ist aber gescheitert. Also habe ich die Konsequenzen gezogen und bin studieren gegangen. Ich konnte genug Berufserfahrung vorweisen, so dass ich dann die Voraussetzungen erfüllt habe und zugelassen wurde. Ich habe die alten Zelte abgerissen und bin nach Frankfurt gezogen. Hier bin ich in einer WG gelandet und habe erst einmal alle weiblichen Sachen in den Altkleidercontainer geworfen. Ich dachte einfach, ich lass das jetzt. Ich hatte auch Bedenken, dass es in meiner WG rauskommt. Das Gefühl war wehmütig, das weiß ich noch. Und nach einer Weile habe ich doch wieder angefangen, mir weibliche Sachen zu besorgen. Ich habe überlegt, als was ich mich in der WG outen könnte, um einfach ein bisschen mehr Freiheit zu haben. Aber ich hatte Angst, was meine Mitbewohner von mir denken könnten. Schließlich bin ich aus der WG geflüchtet. Ich bin dann erst mal aufs Dorf gezogen, in die Nähe der Arbeit, habe mir mehr weibliche Klamotten besorgt, auch wenn ich mit dem Tragen noch relativ reserviert war. Leggings waren mein Leuchtturm.

Und dann bin ich einmal in den Urlaub gefahren und einen ganzen Tag lang in meinen vier Wänden mit Rock und Strumpfhose, Oberteil und Stiefeln herumgerannt. Und da habe ich festgestellt, dass es mir plötzlich gut geht. Mir war zwar noch immer nicht klar, was das heißt, aber der Tag war ein guter im Vergleich zu anderen Tagen. Es gab auch noch eine andere wichtige Begebenheit. Ich habe die Zeit genutzt, um lange Spaziergänge zu machen, und habe dabei einfach viel nachgedacht. Das Thema Transsexualität war mir so konkret noch nicht klar. Aber ich wusste, dass vieles in meinem Leben nicht rund läuft und dass ich mir dringend psychologische Hilfe holen sollte. Das hatte ich zwar immer mal wieder versucht, aber es hatte bis dahin nicht geklappt. Aber als ich in dieser bayerischen Naturkulisse war, habe ich beschlossen, dass ich mich nach dem Urlaub darum kümmere. Ich habe dann hier eine Psychologin gefunden. Ich weiß nicht mehr, ob es der erste oder zweite Termin war, da habe ich beiläufig ganz am Schluss erwähnt, dass ich vermutlich ein Problem mit der Geschlechtsidentität habe. Und dann kam ich recht schnell auf den Trichter: »Mensch, ich bin ja eigentlich eine Frau.« Diese Erkenntnis war auf jeden Fall eine Befreiung, und damit war plötzlich auch greifbar, was nie gestimmt hat. Aber nachdem ich es ausgesprochen hatte, habe ich noch eine ganze Weile gekämpft. Ich bin damals in dem Dorf viel durch den Wald gelaufen. Es gab dann ein paar eindeutige Zuspitzungen. Zum Beispiel erinnere ich mich daran, dass ich spazieren war, und es war ein bisschen windiger. Da hat plötzlich ein sehr großer Baum geknarzt, als ich an ihm vorbeigelaufen bin. Und dann fragte ich mich, als was ich lieber erschlagen werden würde, als Mann oder als Frau. Die Antwort war eindeutig Frau. Das war ein Aha-Moment.

Seit ich als Frau lebe, haben sich relativ viele Aspekte verändert. Ich habe extrem abgenommen. Jetzt entfällt einfach diese Notwendigkeit für den Panzer um mich herum. Das ist die eine Sache. Und dann habe ich noch nie so viel geheult wie in den letzten anderthalb Jahren. Ich kann das jetzt viel mehr zulassen, von irgendwas gerührt zu sein. Diese Emotionalität war zwar schon immer da. Als Kind habe ich wohl bei vielen Geschichten sehr geweint. Aber ich war vorher emotional blockiert.

Mein Alltag hat sich kolossal verändert. Ich kann jetzt viel selbstbewusster auftreten. Das funktioniert zwar nicht immer. Aber ich kann auf Leute zugehen und auch zulassen, wenn jemand auf mich zugeht. Da hatte ich früher schon meine Probleme. Und natürlich verändert auch das praktische Doing meinen Tag. Ich muss Make-up auftragen. Ich bin zwar keine Make-up-Queen, ich gehe nicht im Schminken auf. Aber das Make-up ist für mich ein Werkzeug, um den männlichen Scheiß abzudecken, der leider da ist. Ich bin gerade noch am Schwanken, was ich noch alles machen will. Auf jeden Fall will ich Hormone nehmen. Aber ich habe noch zu viel Speck auf den Rippen und rauche dazu noch, mein Blutdruck ist nicht ganz okay. Ich war hier an der Uniklinik und habe mich zu Hormonbehandlungen erkundigt. Ich würde sofort anfangen, und auch meine Psychologin würde das Go geben. Nur sind die Ausgangsbedingungen eben nicht die günstigsten. Aber ich habe auf jeden Fall das Ziel, dieses Jahr damit anzufangen. Definitiv. Ansonsten gibt es keine Tabus für mich. Ich plane durchaus auch eine, ich nenne es jetzt einfach mal »Genitalreparatur«, was als Geschlechtsangleichung bekannt ist. Aber ich denke, das wird vielleicht so in zwei, drei Jahren passieren. Ansonsten sehe ich das mit OPs eher so: Auch wenn ich das männliche Zeug sehr an mir hasse, sind gewisse Sachen einfach da. Im Zweifelsfall lassen sich die Dinge, die wirklich weh tun, eh nicht ändern. Zum Beispiel werde ich nie die Möglichkeit haben, Kinder zu kriegen.

Es nimmt mich sehr mit, dass ich selbst kein Kind bekommen kann. Vor allem, nachdem es auch in meinem eher überschaubaren Freundeskreis jetzt die volle Kinder-Dröhnung gibt. Ich habe ein Patenkind und habe einen guten Freund, der ist jetzt zum zweiten Mal Vater geworden. Zum einen ist es wunderschön, so ein Kind auf dem Arm zu haben, zum anderen rührt es doch in mir etwas an. Denn im Gegensatz zu den meisten Frauen kann ich mich eben nicht entscheiden. Es geht einfach nicht. Wenn ich früher drauf gekommen wäre, dass ich eine Frau bin, hätte ich vielleicht schon viel früher den Wunsch nach Mutterschaft erkannt. So baut sich jetzt schon ein kleiner Druck auf, recht schnell weit zu kommen mit Reparaturmaßnahmen, um eventuell dann doch noch so was wie eine Familie hinzukriegen. Andererseits liegt noch ein großer Weg vor mir. Wenn ich durch ein Wunder an ein Kind kommen würde, würde es sicher sehr leiden. Denn ich muss mich ja jetzt erst mal sehr intensiv um mich kümmern.

Ob ich mir einen Mann oder eine Frau als Partner wünsche, kann ich gar nicht genau sagen. Da möchte ich mich auch nicht festlegen. Ich suche einen Menschen. Aber mein Erfahrungsschatz in der Hinsicht ist nicht besonders umfangreich. Mittlerweile verstehe ich auch, warum das so ist. Manche Leute wissen nicht, wer sie sind, und blocken dann deswegen alles ab. Da würde ich mich drunter sehen. Aber mein Wunsch nach Nähe und Liebe ist da, ich will mich eben nur nicht geschlechtlich festlegen. Nur muss sich ja erst mal jemand finden, der mit so einer komplizierten Frau klarkommt. Auch mit meinen körperlichen Gegebenheiten. Wobei man auch sagen muss, dass es bei diesem Thema schon Zerrbilder gibt. Gerade die Medien zeigen bevorzugt Transfrauen, die einfach Glück hatten oder relativ früh was gemacht haben und dementsprechend hübsch sind. Es sehen nicht alle so aus.

Ich habe den Eindruck, durchaus oft angeschaut zu werden. Aber als große Frau fällt man natürlich so oder so auf. Einmal beim Einkaufen hat mich eine ältere Dame ganz selbstverständlich als Frau angesprochen und meinte »Sie sind aber groß! Sind nicht Models so groß wie Sie?« Das war einfach süß, ein sehr schöner Moment. Da wurde ich wirklich als Frau anerkannt und gesehen. Aber es gab noch andere schöne Sachen. An Silvester zum Beispiel. Auf dieser Terrasse hier habe ich mir als Neujahrsvorsatz vorgenommen, als Frau sichtbar zu werden. Und das war mein erster Vorsatz, den ich jemals eingehalten habe. Auch die selbstverständlichen Situationen beim Outing, das waren sehr gute Erfahrungen. Ich neige dazu, gar nicht so viel über die guten Dinge nachzudenken, und sehe meistens nur die schlechten Sachen.

Ich hatte mehrere Coming-outs. Als mir das alles klar wurde, habe ich zuerst ein paar enge Freunde eingeweiht. Ich musste mich sehr dazu zwingen. Ich weiß nicht mehr, wie es genau war, weil ich da natürlich viel zu nervös war. Aber meine Freunde hat das nicht weiter belastet, und das war sehr befreiend. Denn es war ja der Anfang. Und das war knapp vor meinem 35. Geburtstag. Ich war extrem froh über die Reaktion. Denn ich hatte natürlich Angst vor Ablehnung und dass es die Freundschaft beschädigt. Und dann gab es noch das Outing auf der Arbeit. Das war relativ spontan, erst jetzt vor ein paar Monaten. Ich hatte die drei Chefs erst einzeln informiert. Innerlich war ich schon lange Stefanie, aber im Außen war ich natürlich noch Stefan. Ich habe für mich beschlossen, dass ich das erst den entscheidenden Leuten sage, und dann überlegt, wie ich weiter vorgehen will. Es gab eine offizielle Versammlung, um ein paar Dinge zu verkünden, zum Beispiel, dass die Firma umziehen wird. Und diese Gelegenheit habe ich genutzt. Da waren schon alle versammelt, und ich war als Letzte dran. Die Details weiß ich nicht mehr, aber ich habe dann gesagt, dass ein Kollege gehen wird, das bin ich, und eine Kollegin kommen wird, und das bin auch ich. Die Kollegen waren relativ schockiert. Ich habe dann das Thema Transsexualität noch mal grob erklärt und ihnen auch angeboten, dass sie alle Fragen stellen dürfen. Ernsthaft gefragt hat dann aber eigentlich keiner. Ein paar haben ihre Solidarität bekundet. Und dann gabs eben Kuchen als Einstand für die neue Kollegin. Damals war ich noch als Mann aufgetreten, aber ich hatte angekündigt, dass ich das Erscheinungsbild zunehmend weiblicher gestalten will.

Ich habe also erst die Kleidung angepasst und habe mir Ohrlöcher stechen lassen. Dann musste ich mich um meine Haare kümmern, denn leider ist da von Natur aus nicht mehr so viel übrig. Das ist eine der Sachen, die mich am schlimmsten mitnehmen. Ich bin ein paar Optionen durchgegangen und habe mich im Internet erkundigt. Dort habe ich eine Friseurin in der Nähe ausfindig gemacht, die war relativ weltoffen, und ihr System hat mich überzeugt. Ich trage jetzt ein Haarteil, das an die vorhandenen Haare angeklebt ist und auch ein paar Wochen hält. Neben den Haaren habe ich auch den Kleidungsstil noch weiter ins Weibliche verändert. Meine Brüste sind tatsächlich Natur. Ich weiß nicht ob es nur Speck ist oder tatsächlich eine kleine Nebenwirkung von dem Mittelchen, das ich jetzt schon für die Haare einnehme, das ist ein Antiandrogen, und vielleicht hat das ja schon was bei dem Brustwachstum bewirkt. Ich habe lange überlegt, Einlagen oder Prothesen zu verwenden, und bin dann aber zur Erkenntnis gekommen, dass ich das nicht will. Denn ich denke mir, dass andere nichttranssexuelle Frauen ohne viel Brust auch damit fertigwerden müssen. Das ist jetzt einfach Natur mit einem bisschen BH.

Natürlich fühle ich mich hin und wieder auch mal einsam. Ich bin gerade in einer blöden Lage. Lange Zeit habe ich mich von Leuten ferngehalten und bin erst jetzt so weit, dass ich auf Leute zugehen kann. Das konnte ich früher nicht. Ich habe jetzt erst das Selbstbewusstsein, als Frau zu leben. Aber es gibt auch noch viele andere Dinge, mit denen ich zu kämpfen habe. Da ist ja bei mir trotz allem noch genug Unsicherheitspotential. Denn mein männlicher Körper und auch die Gesamtsituation sind durchaus belastend für mich. Ich spüre manchmal einfach eine allgemeine Niedergeschlagenheit. Und auch wenn ich weiß, dass ich mit Hormonen noch einiges machen kann, haben diese Gefühle einen gewissen Bremseffekt. Das ganze Thema Transsexualität ist eben nicht einfach. Wenn ich könnte, würde ich sofort mit dem Körper einer Frau tauschen.

Ich bin nicht der Meinung, dass sich Transsexualität entwickelt, sondern dass das von Anfang an so ist. Natürlich bin ich körperlich als Junge geboren worden, aber im Rückblick war ich immer ein Mädchen. Ich bin von der Innenausstattung schon immer weiblich, auch wenn da viel Schmutz drüber lag und viel Kruste und ich eine schreckliche Männerfigur dargestellt habe. Diese Kruste steht für mich für die sozialen Begebenheiten, die die Weiblichkeit unterdrückt haben. Ich bin der Überzeugung, dass ich schon früh gewusst habe, dass ich ein Mädchen bin. Es hat sich einfach so eine erdrückende Schicht über den weiblichen Kern gelegt und die hat relativ viel verdeckt. Und durch diese Erkenntnis ist diese Schicht aufgebrochen und hat sich zu großen Teilen aufgelöst. Das körperlich Männliche lehne ich ab, weil es einfach nicht zu mir gehört. Mein primäres Erkenntnismerkmal, warum ich eine Frau bin, ist eben, dass ich merke, dass diese männlichen Äußerlichkeiten nicht zu mir gehören. Da will ich mich jetzt auch nicht für irgendwas rechtfertigen müssen. Die Dinge sind so, ich komme damit nicht klar, ich hatte schon immer kein sonderlich inniges Verhältnis zu meinen männlichen Geschlechtsmerkmalen. Vor allem die Körperhaare habe ich schon relativ lange bekämpft. Ich bin mir ziemlich sicher, dass ich schon als Kind eine ziemliche Abneigung meinem Penis gegenüber empfunden habe. Ich lehne das Männliche an mir ab. Das ist nicht meins, das gehört nicht zu mir. Ich sehe mich einfach als Frau, die körperlich fehlgebildet ist. Das »Trans« beschreibt für mich den Fehlerzustand. Ich sehe meinen Körper als fehlerhaften Zustand, als hätte ich nur einen Arm.

Wenn ich jetzt darüber nachdenke, ob ich glücklich bin, muss man eben schon die Frage stellen, wie weit es einem als Frau, die so fehlgebildet ist wie ich, gut gehen kann. Ich hätte gerne einen korrekten, normalen Frauenkörper. Aber das Gute ist, dass ich mich jetzt mit Mitte 30 nicht mehr verstellen muss und so sein kann wie ich bin. Auch wenn es so lange gedauert hat, mich wirklich zu erkennen, versuche ich jetzt jeden Tag ein bisschen mehr Ich zu sein. Und das genieße ich gerade sehr, auch wenn es schwer ist.

Raus aus Schmalkalden

Annika, Kulturwissenschaftlerin, über den Mut,
als Karrierefrau das private Glück zu suchen

*Wenn Annika auf ihrem Sofa sitzt und aus dem Fenster schaut,
blickt sie auf viele Fachwerkhäuser. Sie wohnt seit einem Jahr
in Schmalkalden, einer Kleinstadt in Südthüringen. Annika ist
promovierte Kulturwissenschaftlerin und arbeitet als einzige
Frau in einer leitenden Position an der Hochschule. Wir treffen
uns an einem Sonntag. Annika hat frei, sie trägt abgeschnit-
tene Jeans und T-Shirt. Ihr kurzes braunes Haar hat sie mit
Klammern nach hinten frisiert. Sie hat ein zartes Gesicht mit
vielen Sommersprossen. Auf dem Tisch steht eine Schale mit
Gummitieren und Schokokeksen, aber Annika greift nicht zu.
Das Zimmer, in dem wir uns unterhalten, ist Wohnzimmer
und Küche in einem. Die Einbauküche sieht so sauber aus, als
wäre sie noch nie benutzt worden. Die Wohnung ist insgesamt
eher spärlich eingerichtet. Sie fühlt sich an wie ein Ort des
Übergangs. Wir sitzen auf dem Sofa. Annika gestikuliert viel
beim Sprechen. Man merkt ihr an, dass sie das Thema Mitte 30
gerade sehr beschäftigt. Denn bisher dachte sie, Leistung mache glücklich. Doch in Schmalkalden hat sie gemerkt, dass ein
toller Beruf nicht alles ist. Sie will so schnell wie möglich wieder weg – aber wohin?*

Ich wurde am ersten Tag an der Hochschule gefragt, wo
denn mein Mann sei. Ich habe geantwortet, dass ich wegen
des Jobs hier bin. Und wieder kam die Frage: Da kommt
man doch nicht allein hierher, wo ist denn Ihr Mann? Eine

Frau zu sein ist immer ein Thema für mich gewesen. An der Hochschule zeigt sich das jetzt besonders. Veränderungen gegenüber ist man hier nicht gerade positiv eingestellt. Es soll alles so bleiben wie es ist. Es gibt keine Entwicklung. Das ist für mich unerträglich. In Meetings sitze ich ausschließlich Männern gegenüber, die sind alle 50 plus. Oft sind das Professoren, die wollen nichts mehr, nur noch in den Ruhestand. Und dazwischen sitze ich: eine Frau, 35 Jahre alt, mit Doktortitel, die was verändern will. Es gibt keine weibliche Führungskraft außer mir. Ich habe auch gehört, dass Kollegen deshalb ein Problem mit mir haben und man mich ein bisschen kleinkriegen will. Ich vermute, dass mich einige der Männer eingestellt haben, weil sie dachten, dass sie einem jungen Mädchen sagen können, wo es langgeht.

Im Moment habe ich das Gefühl, dass ich in einer Schleife hänge, aus der ich nicht herauskomme. Für mich ist es immer noch viel zu wichtig, was andere über mich denken. Meine Liebenswürdigkeit ist auch hier mit meiner Leistung verbunden – es sind immer die gleichen Themen. Und genau deshalb ist diese Zeit mit Mitte 30 so wichtig, denn dieses Leistungssystem funktioniert nicht mehr. Mein Körper funktioniert nicht mehr. Mit 25 war ich wahrscheinlich nicht viel anders als jetzt, was dieses Auspowern angeht. Alles zu geben, bis die Arbeit fertig ist. Aber so langsam sagt mein Körper: »Nein, ich kann nicht mehr.« Es ist ein Warnsignal, denn offenbar schaffe ich es nicht von allein, stopp zu sagen.

Mein Vater ist gelernter Elektriker und hat sich in einer Firma hochgearbeitet. Er versteht deshalb auch nicht, warum heute niemand mehr mit einem Hauptschulabschluss Direktor von AEG werden kann. Meine Mutter hat beim Arbeitsamt in der Widerspruchsstelle gearbeitet. Ich hätte gern Geschwister gehabt, aber ich war ein Einzelkind. Vielleicht hatte ich auch deshalb schon immer sehr viele Freunde.

Als sich meine Eltern getrennt haben, war ich 16 Jahre alt und bin mit meiner Mutter ein Stück weggezogen. In der Zeit war ich sehr viel mit meinen Freunden zusammen. Wir waren eine Clique und die haben mich aufgefangen, und das war bis heute die schönste Zeit in meinem Leben, zwischen 16 und 18.

Ich hatte nie eine Vorstellung davon, wie meine Zukunft aussehen soll. Nach dem Abitur wussten alle, was sie studieren wollten, aber ich hatte keine Ahnung. Ich hatte damals das Gefühl, dass alle an mir vorbeigezogen sind und ich etwas verpasst habe. Ich habe erst mal ein Jahr Au-pair in Großbritannien gemacht. Danach wollten meine Eltern, dass ich eine Ausbildung mache. Also habe ich eine Ausbildung zur Industriekauffrau gemacht. Ich wollte aber immer ins Ausland. Das war meins. Da war ich weg aus diesen Strukturen, weg von diesen Erwartungen, und das ist auch heute noch so. Sobald ich im Ausland bin, geht bei mir irgendwas auf. Ich habe das Gefühl, frei zu sein. Dort treffe ich immer Leute, die mich so nehmen wie ich bin, die sagen »Mensch, du bist nett!«, aber die wissen gar nicht, was ich mache. Die finden mich einfach nur nett, weil ich bin, wie ich bin und nicht weil ich die Leiterin eines International Office bin und eine Doktorarbeit geschrieben habe.

Ich habe Kulturwissenschaften studiert. Das ist alles und nichts. Ich wusste nach dem Studium nicht was ich will und habe mich einfach beworben. Dann wurde ich in Köln an der Uni angenommen im Bereich Internationalisierung. Ich habe da die Gaststudenten betreut. Aber ich bin in der Stadt nicht so richtig angekommen, vielleicht war Köln für mich auch ein bisschen zu groß. Wenn man ohne Partner in eine neue Stadt kommt und da an der Uni arbeitet ist es schwierig. Und dann hatte ich auch noch eine Fernbeziehung und war immer weg. Ich habe der Stadt keine Chance gegeben, weil ich jede freie Minute in Hannover war. Im Rückblick habe ich es mir dort selbst schwer gemacht. Denn Köln ist ja im Gegensatz zu Schmalkalden sehr spannend.

In Köln habe ich bei dem Job gemerkt, dass es nicht das ist, was ich mein ganzes Leben machen will, Nanny für junge Studenten spielen. Und mein Magister-Vater hatte mir damals gesagt, dass ich promovieren soll. Ich hatte immer gedacht, den Doktor können andere machen, aber ich nicht. Ich kam ja aus einem eher bildungsfernen Haushalt. Doch es hat mich beschäftigt, und dann habe ich Seminare genau zu dem Thema besucht: »Promovieren ja oder nein«, so ganz stumpf. Da wurde mir bescheinigt, dass ich kein Netzwerk habe, niemanden, mit dem ich mich austauschen kann. Keiner meiner damaligen Freunde hat promoviert. Aber dann habe ich mir einfach dieses Netzwerk aufgebaut. Und habe tatsächlich angefangen mit der Promotion. Ich habe auch sehr schnell meinen Doktorvater gefunden, der in Asien, Südamerika und Afrika unterwegs ist und im Kulturaustausch forscht, und dann lief das. Und dann habe ich angefangen, obwohl ich mir immer sicher war: Das schaffst du nie!

Mein Lebensfokus war immer auf Beruf und Karriere gerichtet. Ich glaube, ich weiß inzwischen, woher das kommt, und ich glaube, das macht mich gerade auch so unzufrieden. Denn ich merke, dass diese Struktur, die ich mir aufgebaut habe, so nicht mehr funktioniert. Und dadurch kommt auch dieses ganze Umdenken zustande.

Ich glaube, dieses Leistungsdenken hat sich bei mir in der Kindheit entwickelt. Die Ehe meiner Eltern war eigentlich schon gescheitert, als ich ein Jahr alt war. Nichtsdestotrotz haben sie das noch 15 Jahre probiert, aber es gab eben sehr viel Streitereien, es gab sehr viel Alkohol, und ich habe das alles miterlebt. Ich habe mich früh entschieden, dass ich nicht dagegen rebelliere, dass ich nichts tue, was meine Eltern in Sorge bringt. Also habe ich mich total auf meine Schule konzentriert. Ich habe funktioniert. Und ich war immer die Beste in der Schule und diese Leistungsschiene hat funktioniert, auch in anderen Lebensphasen, in denen es mir nicht gut ging.

Jetzt langsam begreife ich: Ich bin stolz auf die Doktorarbeit, auf die Forschungspreise, darauf, dass ich zur Frankfurter Buchmesse eingeladen werde. Aber es macht mich nicht glücklich. Ich dachte immer, ich werde glücklich durch Leistung. Und wenn ich dann beim Auswärtigen Amt arbeiten würde, fänden mich alle toll. Und jetzt mit 35 denke ich, vielleicht ist es das gar nicht. Denn von außen sieht mein jetziges Leben zwar toll aus: Ich habe zwei Preise gewonnen, habe einen leitenden Posten an der Hochschule, und natürlich reise ich deshalb auch viel. Aber das ist eben immer das Außen. Ich war bisher ganz stark im Außen unterwegs. Ich habe viel zu viel auf das geschaut, was andere von mir denken und was die von mir wollen und bisher eben erschreckend wenig darüber nachgedacht, was ich eigentlich will. Ich habe bis jetzt die Stellenausschreibungen durchgesehen und mir immer gesagt: »Ja, das kann ich, das kann ich auch, dann bewerbe ich mich darauf.« Aber dabei habe ich mich eben nicht gefragt, ob ich den Job machen will. Ich will mich offenbar nicht damit auseinandersetzen, was ich wirklich will.

Ich komme aus so einer Stadt wie Schmalkalden, 20 Kilometer von Bremen entfernt. Als ich das erste Mal hierhergekommen bin, hat mich meine Mutter begleitet. Wir hatten eine lustige Anfahrt durch den Thüringer Wald, auch über diese Berge und über diese kurvigen Straßen, und meine Mutter meinte nur: »Oh mein Gott, wo sind wir hier?« Und dann war ich beim Vorstellungsgespräch, und das hat gerade mal 15 Minuten gedauert. Meine Mutter sagte nur: »Na, das kann es ja jetzt nicht gewesen sein, sonst hätten die sich ja länger mit dir unterhalten.« Zu dem Zeitpunkt hatte ich noch ein anderes Angebot aus Aachen. Von der Stadt her wäre es das gewesen. Ich habe in der ganzen Umgebung viele Freunde. Aber es wäre die Assistenz des Präsidenten gewesen von der Fachhochschule in Aachen. Und hier war es die Leitung des International Offices. Der Job ist international ausgerichtet, und ich kann sehr viel selbst entscheiden. Gebt mir Geld in die Hand, und ich mach was draus. Und die Hochschule in Schmalkalden hat mir das zugetraut, obwohl ich vorher keine Führungserfahrung hatte und auch keine Budget-Erfahrung. Und jetzt im Laufe des Jahres hat sich gezeigt, dass ich das kann, selbst wenn ich es mir nicht immer zugetraut habe. Und die Hochschule hier hat mir die Chance gegeben, das zu beweisen. Am Anfang habe ich mich deshalb voll in den Job gestürzt. Ich war auch viel im Ausland, weil ich ja die Partnerhochschulen kennenlernen musste. Aber jetzt wird es anders. Ich bin mehr hier vor Ort und reise weniger. Ich habe drei engere Kontakte hier. Die eine Freundin ist zum Studium hergekommen und ist hiergeblieben. Sie ist jetzt schwanger, das volle Programm. Die andere ist wegen ihres Mannes hierhergekommen. Und die dritte engere Freundin ist hier geboren. Und die findet es hier auch richtig gut.

Vor ein paar Monaten hatte ich einen Hörsturz, der mich gezwungen hat, über all das nachzudenken: Ist es das wert? Wie werde ich wieder gesund? Was macht mich glücklich? Ganz bestimmt nicht, dass ich hier 50 Stunden in der Woche in der Hochschule sitze. Nach dem Hörsturz war ich eine Woche krank geschrieben und bin dann mit meinem Vorgesetzten nach Malaysia geflogen. Danach war es vorbei. Ich konnte nicht mehr und war dann vier Wochen krank geschrieben. In dieser Zeit ist sehr viel passiert für mich.

Es gab zwei Punkte, an denen sich mein Leben schlagartig verändert hat. An den einen Wendepunkt kann ich mich nicht erinnern. Das wurde mir nur erzählt. Als ich in der dritten oder vierten Klasse war, da gab es eine Wandlung. Ich war früher total aufgeweckt, meine Mutter sagt immer, ich war schlimmer als drei Jungs. Heute ist das ganz anders. Ich bin der ruhige Typ, höre zu, bin nicht auf Krawall aus. Aber ich glaube, ich habe damals angefangen mich irgendwie zurückzunehmen. Wahrscheinlich war das schon ein Ergebnis unserer familiären Situation. Eigentlich ging alles drunter und drüber, aber nach außen waren wir eben die heile Familie, die beste Familie überhaupt. Und wahrscheinlich muss man sich als Kind dann eine Strategie suchen, wie man diesen Gegensatz nach außen verkauft, und wahrscheinlich ist es für mich das Beste gewesen gar nichts zu sagen.

Der zweite Wendepunkt kam nach dem Abi, als ich nicht wusste, was ich will. Ich bin dann ins Ausland gegangen als Au-pair ganz klassisch, und auch ganz klassisch habe ich eine Essstörung entwickelt. Zuerst war ich magersüchtig, dann hat sich das zu einer Bulimie entwickelt. Ich habe damit noch angefangen zu studieren, aber irgendwann war das körperlich nicht mehr möglich. Ich war gar nicht mehr aufnahmefähig und bin für eine stationäre Therapie in eine Klinik gegangen. Ich dachte, danach wird alles besser, und was das Essen angeht, bin ich damit auch wirklich auf einen guten Weg gekommen, aber ich wusste dann eben um diese ganzen Dinge. Dass ich mir selbst sehr viel abverlange, dass ich immer über diese Leistungsschiene gehe, dass ich einige Dinge in meinem Leben anders machen muss, damit ich nicht mehr auf die Nase falle. Aber mit all dem bin ich noch nicht so weit gekommen.

Und diese Zeit mit Mitte 30 fühlt sich wie ein dritter Bruch an. Das ist wieder ein Einschnitt in meinem Leben gewesen.

Als ich meine Dissertation geschrieben habe, habe ich einen Tinnitus bekommen und danach diesen Hörsturz. Und das ist sehr bedrohlich für mich. Auch wenn der HNO-Arzt mir erzählt, dass das alle in Deutschland haben, ist es für mich nicht normal, und ich will das nicht akzeptieren. Denn ich weiß, wenn ich im Ausland bin, wird der Tinnitus immer besser, und wenn ich zwei Wochen aus meinem Alltag hier raus bin, ist er ganz weg. Da bin ich gesund. Und das ist das, was ich sein will – gesund. Und deshalb ist es ein richtig derber Einschnitt jetzt. Ich merke, dass mein Körper sagt: Hier bist du nicht glücklich.

Ich habe auch noch nie richtig zugelassen, dass ich als schön wahrgenommen werde. Neulich hatte ich ein sehr interessantes Erlebnis. Hier im Haus ist eine Dame, die sauber macht. Ich habe sie gesehen und fand sie interessant, und dann kamen wir uns auf der Treppe entgegen und sie sagte zu mir: »Sie sind so eine schöne Frau.« Und ich konnte darauf gar nicht reagieren und bin einfach weitergegangen. Zwei Wochen musste ich darüber nachdenken. Dann habe ich sie wieder getroffen und habe sie gefragt, wer sie ist. Und dann konnte ich mich auch für das Kompliment bedanken. Aber das war für mich völlig irritierend. Mit meinem Aussehen bin ich einfach sehr unsicher. Und ich merke immer, dass sich Männer, auch die unattraktiven, immer so gut verkaufen können, so selbstbewusst, als ob sie George Clooney wären. Ich frage mich immer, woher sie das nehmen. Genau das wünsche ich mir manchmal auch für mich. Aber es gibt auch keinen konkreten Punkt, den ich an meinem Äußeren ändern würde. Es geht eher so um meine Einstellung. Ich würde manchmal einfach sehr gern viel lebensfroher sein. Wenn ich Frauen sehe, dann weiß ich sofort, in welche ich mich verlieben würde als Mann. Die sind meistens dunkelhaarig und meistens sind die sehr, sehr weiblich von ihren

Rundungen her, die wiegen auch ein bisschen mehr und haben eine ganz herzliche Ausstrahlung und auch eine Gelassenheit, das finde ich ganz toll. Lebemenschen, die so sinnlich im Jetzt sind.

Ich habe mit 30 noch viele Dinge toleriert, die ich jetzt einfach ablehne. Ich bin radikaler geworden. Ich habe mich zum Beispiel in dieser Zeit von ganz vielen Freunden getrennt. Auf diese vielen kleinen losen Bekanntschaften hatte ich einfach keinen Bock mehr. Und zwischen 30 und 35 sind wir alle extrem auseinandergegangen. Die anderen haben ihre Kinder gekriegt und haben geheiratet und ein Haus gebaut, und ich bin halt an einer anderen Stelle angekommen. Das war zwischen 25 und 30 noch nicht so extrem, da waren wir alle ähnlich unterwegs: Studium, erster Job, das war bei uns allen Thema.

Durch die Geschichte meiner Eltern habe ich nie gedacht, dass ich mit 30 dieses Haus-Baum-Kind-Mann-Modell im Kopf haben würde, weil ich ja erlebt habe, dass das auch nach hinten losgehen kann. Ich kann auch jetzt nicht sagen, ob ich ein Kind will. Aber ich denke immer, wenn es passieren soll, dann passiert es. Und ich bin dadurch nicht mehr oder weniger glücklich. Aber es ist eben schon mein Wunsch, dass ich einen Partner habe. Ich fühle mich hier manchmal sehr einsam und mache mir Gedanken. Wenn jetzt alle verheiratet sind und Kinder haben, wer bleibt dann noch für mich übrig?

Meine Unabhängigkeit ist ganz sicher hinderlich bei der Suche. Ich will den Typen nicht bewundern. Aber ich glaube, damit kommen viele Männer nicht klar. Ich will auf Augenhöhe wahrgenommen werden. Wenn ich Männer treffe, haben die alle schon eine Frau, die zu Hause die Kinder hütet, während der Mann durch die Welt tingelt, sich selbst verwirklicht, seinem Beruf nachgeht und abends dann auch noch manchmal nette Kolleginnen ausführt. Meine Mutter sagt, diesen Mann, der mich auf Augenhöhe trifft und der mein Leben teilt, gibt es nicht. Also ein bisschen muss ich ihr Recht geben: Zumindest in Schmalkalden gibt es den nicht.

Meine letzte Partnerschaft ist kaputtgegangen, weil er ganz klar gesagt hat: »Ich habe meinen Job, ich bin Ingenieur, ich bringe das Geld nach Hause. Lass doch du deine Dissertation!« Er wollte, dass ich meine Arbeit auf Eis lege, ihn heirate und Kinder bekomme. Die Dissertation war für ihn nur so eine Zwischenarbeit zwischen Studium und Mutterschaft. Und da habe ich natürlich gesagt: »Nein, ich schreibe meine Dissertation.« Und dann ist das eben auseinandergegangen. Ich habe doch auch Wünsche und Träume und bin nicht weniger wichtig als mein Mann, der Professor ist oder eben Ingenieur. So wie ich mich für seine Projekte interessiere, muss er sich auch für meine Projekte interessieren. Mit der Gleichberechtigung ist es da meiner Erfahrung nach noch nicht so weit gekommen.

Auf meiner Liste der Lebenswünsche, die ich mir gemacht habe, steht der Partner nicht drauf. Da stehen nur Dinge, die ich selbst beeinflussen kann, und bei der Partnerfrage habe ich doch noch immer das Urvertrauen, dass sich das schon fügen wird. Während meine beruflichen Ziele alle auf der Liste stehen. Denn da muss ich mich ja selbst anstrengen, um genau da hinzukommen. Diese Verantwortung liegt bei mir: Wenn ich mich nicht genug anstrenge, dann komme ich nicht dahin, wo ich hin will. Aber so funktioniert das ja bei der Partnersuche nicht. Mein größter Wunsch ist tatsächlich, dass ich meinen Partner bald kennenlerne und dass er dann sagt: »So, jetzt gehen wir drei Jahre weg.« Irgendwohin – außer nach Amerika. Ich würde gern mal mit einem Partner unterwegs sein und mich nicht immer nur komplett auf mich verlassen müssen.

In den letzten Jahren hatte ich viele Krisen, durch den Studienabschluss, die Unklarheiten im Job und die Doktorarbeit. Da habe ich auch gemerkt, dass mir das Reisen sehr wichtig ist. Nur durch die Auslandsreisen erobere ich mir meine Lebhaftigkeit zurück. Dieses Aufgeweckte, diesen Entdeckerdrang. Ich reise häufig mit einer Freundin zusammen. Wir haben beide jeder eine Hitliste, der erste gemeinsame Nenner war der Iran. Jetzt waren wir gerade in Kolumbien. Beim Reisen fühle ich mich freier. Und ich treffe dort immer Aussteiger, die sagen, dass es in Deutschland nicht mehr auszuhalten war. Und ich begegne immer wieder diesen Leuten. Und das zieht mich total an. Ich will dann von diesen Menschen immer alles wissen: Wie hast du das gemacht, warum bist du weggegangen, wie hältst du dich jetzt über Wasser, warum bist du genau hierher gekommen? Und ich kann an die Leute dort vor Ort irgendwie andocken. Das haben mir viele gesagt, zum Beispiel als ich in Ghana war oder in Indien, da sagten mir Kollegen oder Mitglieder der Gastfamilien, dass ich mehr indisch, mehr ghanaisch sei als sie. Ich sauge dann immer diese Kultur total auf und passe mich dort auch total an – das kann ich irgendwie. Das ist ein gutes Gefühl, weil ich dort mehr akzeptiert bin als hier.

Ich habe einen Plan. Ich will bis zum Semesterende kündigen und dann raus aus Schmalkalden. Ich habe mich schon beworben, an verschiedenen Stellen. Ich möchte in eine Stadt, in der es Sushi und Kino gibt. Nur ist es extrem schwer für mich, diesen Plan auch zu verfolgen. Denn meine innere Stimme sagt mir immerzu, dass ich hierbleiben muss, bis ich einen neuen Job habe, sonst sieht das blöd aus im Lebenslauf. Im Moment kann ich die Situation noch ein bisschen aushalten. Aber ich glaube, wenn ich jetzt so weitermache, dann wird nachher die Entscheidung nicht mehr von mir getroffen, sondern von außen wird etwas kommen, das die

Entscheidung herbeiführt. Ein zweiter Hörsturz vielleicht. Ich sage oft zu meiner Freundin, dass ich dafür noch auf ein Schlüsselerlebnis warte. Aber die fragt mich dann: »Annika, wie viele Schlüsselerlebnisse brauchst du denn noch?« Irgendwie denke ich immer, ich muss es aushalten, ich muss da durch, ich muss beweisen, dass ich funktionieren kann. Und genau das ist mein wunder Punkt: Früher dachte ich immer, ich muss funktionieren, sonst geht alles den Bach runter – auch familiär daheim. Aber ich weiß heute ja, dass das der reine Größenwahnsinn ist und die Welt sich auch ohne mich weiterdrehen wird. Aber es ist ein sehr schwerer Schritt für mich zu sagen: Ich schaffe das hier nicht. Dann wäre ich das erste Mal gescheitert. Denn meine Erwartung an mich war, dass ich nach dem Doktor eine gute Stelle habe. Aber jetzt merke ich, dass ich nicht hier bleiben will und vielleicht gehen muss, auch ohne einen neuen Job. Und das ist für mich ein schreckliches Scheitern. Denn bisher habe ich immer alles geschafft, was ich mir vorgenommen hatte.

Ich versuche im Moment, mich nur um mich zu kümmern, die Kontrolle abzugeben und meine Energie in das Projekt Glücklichsein zu stecken. Und das ist das Mutigste, was ich jemals gemacht habe, denn dann muss ich mir etwas nehmen. Ich muss mir sagen: Ich bin es mir wert, ich habe es verdient, glücklich zu sein. Auch wenn ich dabei eben keine Leistung im eigentlichen Sinn bringe. Wenn ich das jetzt erzähle, merke ich auch, wie seltsam das klingt. Dass es das Mutigste sein soll, sich zu erlauben, glücklich zu sein. Wäre eine Freundin von mir in meiner Situation, würde ich ihr genau das sagen: »Raus aus Schmalkalden!«

Aber mir fällt das eben verdammt schwer. Ich muss mir diese Erlaubnis so richtig einholen. Mein Recht auf Glück ist weniger bedeutsam als das Funktionieren im Job. Dazu kommt, dass dieses Funktionieren immer der sichere Boden war, auf dem ich mich bewegen konnte. Der vermeintlich sichere Boden. Wenn ich im Ausland auf einer Reise bin, ist das anders, da mache ich ja genau all das nicht: Ich fahre irgendwo hin, weiß nicht immer was mich erwartet, lasse mich überraschen und habe gemerkt, dass ich wieder auf den Füßen lande, egal was passiert. Aber trotzdem ist die Arbeit meine Säule, die mich immer getragen hat. Und die jetzt umzustürzen, das ist eine richtige Nummer für mich.

Mit Mitte 30 verliebt man sich anders.

Sarah, alleinerziehend, über die Herausforderung, aus zwei Familien eine zu machen

Sarah wohnt mit ihrem sechs Jahre alten Sohn in einem Ein-familienhaus in einer thüringischen Großstadt. Das Haus steht in einem Neubaugebiet zwischen anderen Eigenheimen. Sarah hat es zusammen mit ihrem Exfreund gebaut. Doch vor drei Jahren ist er ausgezogen. Sie haben sich getrennt, weil die Patchworkfamilie nicht zusammengepasst hat. Seitdem ist sie alleinerziehende Mutter. Sarah kommt gerade von der Arbeit. Sie hat langes blondes Haar, trägt Jeansrock mit T-Shirt und lächelt auffallend viel, während sie erzählt. Wir setzen uns in eine tipptopp aufgeräumte Küche, nirgends liegt etwas herum. Es ist sehr heiß, deshalb sind die Jalousien zu. Wir sitzen uns mitten am Tag im Schummerlicht gegenüber und trinken Was-ser mit Sprudel. Seit kurzem ist Sarah frisch verliebt. Und sie will jetzt, mit Mitte 30, keine Zeit mehr verlieren. Ihr größter Wunsch: mit dem neuen Partner ein gemeinsames Kind zu bekommen und diesmal die Herausforderungen einer Patch-workfamilie zusammen zu meistern.

Ich habe mir die Entscheidung, mich von dem Vater mei-nes Kindes zu trennen, nicht leicht gemacht. Ich hatte Angst davor. Jeden Tag Alltag allein, schaffe ich das? Meistens habe ich weniger an mich gedacht und mehr an mein Kind. Das war damals knapp drei Jahre alt. Und meine größte Sorge war, wie mein Sohn es verkraften wird, dass sein Papa weg ist. Die ersten vier Wochen nach dem Auszug waren wir beide total durcheinander. Wir waren zusammen traurig oder ich war auch mal in einem Tief, in dem ich dachte, dass es jetzt nicht mehr weitergeht. Dann hatte ich auch Angst, das Ganze finanziell auf die Reihe zu bekommen. Wie geht das weiter, bleibe ich in diesem Haus? Am Anfang dachte ich, dass es sicher gruselig werden würde. Aber als ich dann allein war, hatte ich gar keine Zeit mehr darüber nachzudenken. Natürlich hatte ich große Angst, dass mein Sohn einen Schaden bekommt durch die Trennung. Ich war deshalb mit ihm bei der Kinderärztin und habe sie gefragt, ob ich da jetzt was tun sollte. Sie hat mich nur gefragt, ob sich mein Kind anders verhält, als es sich früher verhalten hat. Das habe ich verneint. »Also brauchen Sie auch nichts zu unternehmen.« Natürlich gab es dann immer mal so Phasen, in denen er im Kindergarten auffällig war. Ich habe mit den Erziehern gesprochen und war schon kurz davor, einen Termin beim Psychologen zu machen. Aber dann wurde mir doch immer auch durch Gespräche mit Freunden klar, dass es vielleicht nur eine Phase ist. Jedes Kind hat Phasen, egal ob die Eltern getrennt sind oder nicht. Das muss nicht an der Trennung liegen. Meistens war es auch bald wieder besser, weil sich die Blockade in meinem Kopf gelöst hat.

Ich war nicht traurig, dass die Beziehung auseinandergegangen ist. Ich war traurig zu sehen, dass mein Kind unter meiner Entscheidung mich zu trennen so leiden muss. Das hat mich eineinhalb Jahre sehr beschäftigt, dass es mir so weh tut, wenn ich sehe, dass mein kleiner Sohn traurig ist, wenn er vom Papa weggehen muss. Aber solange mir das weh tut, tut es dem Kind auch weh. Jetzt ist er viel seltener traurig in den Abschiedsmomenten.

Eine Frage an mich in der Zeit der Trennung war oft, ob ich meinem Kind meine eigene Traurigkeit zeigen darf oder ob ihn das zu sehr belastet. Am Anfang war ich eben schon auch mal traurig, weil ich nicht wusste, wie das weitergeht, ob ich das alles schaffen kann. Und da haben wir auch mal zusammen geweint. Jetzt ist diese Traurigkeit wegen der Trennung für mich durch. Aber wenn ich traurig bin, wegen anderer Sachen, dann kann er das auch sehen. Und ich glaube, gerade bei einem Jungen hilft das, dass er auch mal seine Gefühle zeigt. Ich fahre damit gut. Denn er sieht ja, dass es nur eine Phase oder ein Moment ist, in dem ich schlecht drauf bin. Und danach geht es normal weiter. Wenn wir mal richtig Streit haben, dann muss das auch raus. Und dann muss ich mal zehn Minuten richtig knarzig sein dürfen. Er weiß das auch, er weiß auch, dass wir dann darüber sprechen und dass es dann auch wieder gut ist.

Die Erkenntnis, dass ich meinen Sohn allein großziehen werde, war wie ein richtiger Bruch in meinem Leben. Ich hatte nie die Vorstellung, dass ich mal ohne Partner durchs Leben gehe. Es gibt immer wieder diese Tiefpunkte. Zum Beispiel zur Weihnachtszeit. Da sieht man das Glück aller anderen. In der ersten Zeit war ich körperlich richtig fertig und habe nervlich sehr gelitten. Aber ich habe mich aus diesem Tief selbst herausgeackert, und da bin ich sehr stolz auf mich. Und vor allem bin ich froh, dass mein Kind normal ist. Er ist ein Durchschnittskind, er macht natürlich viel Blödsinn, er ist manchmal frech, aber das finde ich auch gut.

Ich bin Einzelkind. Früher fand ich das teilweise ganz schlimm. Im Urlaub war das furchtbar, weil ich niemanden zum Spielen hatte. Und jetzt wird es immer schwieriger, alles lastet nun auf meinen Schultern. Ich habe niemanden, mit dem ich mich reinteilen kann, wenn die Eltern nicht mehr können. Meine Familie ist winzig. Ich habe keine Onkel, keine Tanten. Ich bin manchmal neidisch auf diese großen Familien, die diesen tollen Zusammenhalt haben. Aus diesem Grund wünsche ich mir für meinen Sohn immer noch ein Geschwisterchen.

Aufgewachsen bin ich im Thüringer Wald. Früher lag die Stadt im Sperrbezirk, man kam da nur mit dem Passierschein rein. Je älter ich wurde, umso dringender wollte ich weg. Nach dem Abi bin ich an die Küste geflüchtet.

Jetzt arbeite ich bei der Versicherung, bei der ich auch meine Ausbildung gemacht habe. Zusammen mit einem Kollegen betreue ich die Auszubildenden und Studenten und bringe ihnen bei, wie man einem Versicherten irgendwann eine Rente auszahlt. Ich wechsele eigentlich permanent zwischen Vollzeit und Teilzeit. Aktuell arbeite ich wieder weniger, aber ich will mir auch mal was leisten, und wenn ich kann, mache ich deshalb meistens Vollzeit. Eigentlich wollte ich immer Architektur studieren, aber das hat mir mein Vati ausgeredet. Damals war der Beruf nicht so gefragt. Also habe ich das gelassen. Ich kann nicht sagen, dass ich die Entscheidung bereue. Mein jetziger Job ist in Ordnung, aber es ist nicht mein Traumjob. Ich kann damit gut leben, der öffentliche Dienst bietet einfach sehr viele Privilegien, gerade für mich als Alleinerziehende. Ich kann zum Beispiel tagsüber auch mal was erledigen. Oder wenn mein Kind krank ist, kann ich auch zu Hause bleiben, ohne dass ich mich schlecht fühle. Ich kann auch mal drei oder vier Wochen Urlaub am Stück machen. Das ist nicht selbstverständlich. Aber ehrlich gesagt füllt der Job mich nicht aus. Ich habe da immer mal Hochs und Tiefs. Seit etwa einem halben Jahr habe ich wieder so eine Flaute. Ich würde gern etwas anderes machen, aber so viel Veränderung ist in meinem Bereich nicht möglich. Auf meiner Gehaltsebene ist da nicht mehr drin. Deshalb denke ich, dass ein zweites Kind ganz schön wäre. So als ein neues Hoch.

Der Vater meines Kindes hatte schon zwei Söhne aus erster Ehe. Als wir zusammengezogen sind, ist sein großer Sohn mit eingezogen. Wir waren also zu dritt in einer relativ kleinen Wohnung. Die war gerade mal 70 Quadratmeter groß, und dann kam noch unser gemeinsames Kind dazu. Das wurde ziemlich schnell zu eng. Es gab ein Kinderzimmer für den Großen, und der Kleine hat im Elternschlafzimmer mit gewohnt. Die Wohnung hatte auch keinen Flur, man stand immer direkt im Wohnzimmer, es gab also kaum Privatsphäre. Wenn ich zum Beispiel auf der Couch saß, musste der Große mit seinen Freunden immer an mir vorbei. Das war belastend. Wir haben hin und her überlegt. Sollen wir in eine größere Wohnung ziehen? Aber eine Vier- oder Fünfraumwohnung ist in dieser Stadt einfach sehr schwer zu finden, und die sind auch sehr teuer. Für den gleichen Preis kann man einfach auch locker eine Rate für ein Haus bezahlen. Mein Exfreund wollte eigentlich nie bauen, hat sich aber dann im Laufe von drei Monaten doch dafür geöffnet. Dann haben wir durch Zufall diese Baulücke hier entdeckt und haben ganz spontan angefangen zu bauen. Wir wussten nur, wir wollen ein Haus, in dem jeder ein Schlafzimmer hat, und wir wollen einen Garten für die Kinder. So ist das dann ins Rollen gekommen. Mein Sohn war drei Monate alt, als wir den Bauvertrag unterschrieben haben. Das war alles chaotisch, aber es ging flott los, und ein Jahr später sind wir eingezogen.

Knapp zwei Jahre später ist der Vater meines Kindes mit seinem Sohn schon wieder ausgezogen. Ich hatte mit seinem Sohn einfach riesige Probleme. Mein Exfreund und ich waren erziehungstechnisch nicht auf einer Wellenlänge, das sind irgendwann unüberwindbare Hürden. Wir konnten uns nicht einigen. Meine Position war sehr klar: Kinder brauchen ein paar Regeln, Werte und einen geregelten Tagesablauf, um Sicherheit zu haben. Wir hatten immer wieder Diskussionen, und wir haben uns daran irgendwann kaputtgerieben. Der Sohn von meinem Ex war mitten in der Pubertät, die er auch exzessiv ausgelebt hat. Wir hatten zusammen keinen Spaß mehr, haben keine Dinge mehr zusammen erlebt oder sind in den Urlaub gefahren. Ich habe das zwar geplant, aber der Rest hat nur noch mitgemacht, das war irgendwann wie eine Front gegen mich. Das Kind hat uns kaputtgespielt, weil wir eben nicht einer Meinung waren. Mir ging es dann irgendwann überhaupt nicht mehr gut. Ich wurde krank, war lustlos und habe meinen Freundeskreis vernachlässigt. Es wollte uns auch niemand mehr besuchen, weil ständig so eine schlechte, angespannte Stimmung bei uns herrschte.

Als er ausgezogen ist, habe ich etwa drei Monate gebraucht, um mein eigenes Leben wiederzufinden. Bis ich wusste, wo ich hin will, was mir wichtig ist, auch mit meinem Kind. Aber danach wurde es immer besser. Ich wusste lange Zeit nicht, ob ich in dem Haus wohnen bleibe oder es lieber verkaufen sollte. Aber meine Eltern haben mir damals Unterstützung zugesagt. Also habe ich entschieden, dass ich so lange ich kann in dem Haus wohnen bleibe. Ich bereue das nicht. Finanziell hatte ich natürlich Bedenken, vor allem wegen der Raten. Aber es geht. Ich bin überrascht. Ich kann mich gut organisieren. Auch finanziell. Es ist nicht so, dass wir am Hungertuch nagen, ich habe ja auch einen relativ guten Job und ich bekomme Unterhalt für meinen Sohn. Ich komme eigentlich gut über die Runden.

Mein Sohn sieht seinen Vater einmal in der Woche nachmittags bis zum Abendessen. Danach hole ich ihn ab. Der Kleine sagt manchmal, dass er lieber hierbleiben will, weil wir etwas unternehmen. Bei seinem Vater ist es eher ruhiger, deshalb bleibt er auch gern mal bei mir. Ich bin froh, dass die Großeltern gleich 500 Meter weiter wohnen, die unterstützen mich sehr. Wenn ich anrufe, können sie sich auch mal kümmern. Aber ansonsten ist das Alleinerziehen natürlich ein Fulltime-Job. Aber ich mache das gern. Wenn ich dann doch mal Zeit für mich habe, versuche ich die so gut es geht zu nutzen. Wenn mein Sohn am Wochenende bei seinem Papa ist, versuche ich nach Frankreich zu fahren und meinen neuen Freund zu sehen. Wenn die Zeit nicht reicht, versuche ich so lange wie möglich zu arbeiten. Oder ich gehe schnell zum Friseur und hoffe, dass ich drankomme. Mit einer Freundin Kaffee trinken gehe ich eigentlich nie. Manchmal jogge ich oder fahre mal eine Runde mit dem Rad, wenn mein Kleiner abends schon schläft.

Das Zeitmanagement ist das Schwerste. Denn du machst immer einen Spagat. Du willst für dein Kind da sein, du willst aber auch im Job überwiegend anwesend sein, Vollzeit oder wenigstens Teilzeit. Das ist manchmal schwer. Und natürlich musst du auch funktionieren, wenn du krank bist. Es gibt ja keine Entschuldigung für dich. Weil du allein bist, bist du ja der Ansprechpartner und gibst dein Kind nicht zwingend ab, nur weil du mal einen Tag Fieber hast oder Magen-Darm. Und dazu kannst du natürlich den fehlenden Elternteil nicht ersetzen. Das finde ich auch sehr schwer. Bei mir fehlt der Vater. Anfangs habe ich versucht, beides zu sein, auch Vatersachen mit dem Kind zu machen. Aber daran bin ich gescheitert. Das geht nicht. Ich bin die Mutter. Man muss einfach akzeptieren, dass man nur eine Rolle ausfüllen kann und dass damit eben etwas für das Kind fehlt. Oder anders ist.

Aber natürlich war ich neidisch auf diese ganzen Familien, bei denen das zumindest von außen alles gut gelaufen ist. Das tat mir schon weh, dieses Vater-Mutter-Kind-Ding zu sehen auf der Straße und auch in meinem Freundeskreis. Aber irgendwann ist mir klargeworden, dass auch Mutter-Kind eine Familie sein kann. Ich habe dieses Familienbild für mich neu definiert, auch um mich damit ein bisschen zu stärken und nicht so angreifbar zu machen. Damit war alles gleich besser. Nicht jeden Tag natürlich, aber generell schon. Dazu ist das ja oft auch nur eine Oberfläche und man denkt von außen nur, dass diese Familien glücklich sind. Weil sie etwas haben, was mir in dem Moment fehlt. Aber wenn man tiefer guckt, dann sieht man schon, dass alle irgendwo eine Baustelle haben, dass das Glück auch dann nicht da sein muss, wenn die biologischen Eltern ein Paar bleiben. Das ist aber alles sehr tagesformabhängig. Denn klar hatte ich immer mal wieder Zweifel und auch die Angst, niemanden mehr zu finden. Denn ja, ich hatte mir das natürlich alles einmal anders vorgestellt.

Nach der Trennung hatte ich noch relativ viel Kontakt zum Vater meines Sohnes. Wir haben viel telefoniert, viel über unseren Sohn gesprochen. Aber dann haben wir festgestellt, dass uns das nicht guttut. Weil man die Geschichte nicht abschließen kann, wenn man zu viel Kontakt hat. Und auch unser Kind konnte das nicht abschließen. Deshalb haben wir dann den Kontakt stark reduziert. Und strikt auf das Thema »Kind« beschränkt und vor allem darüber geredet, wo unser Sohn wann ist. Damit er auch geordnet seinen Frieden finden kann. Es war schon immer klar, dass mein Sohn und ich in dem Haus bleiben werden. Dass das unser Zuhause ist. Das hatten wir sogar schon beim Einzug so besprochen. Falls wir uns einmal trennen, würde ich mit dem Kind hierbleiben und er müsste gehen. Dadurch hatten wir keinen Rosenkrieg, und das hat uns dreien sehr geholfen.

Ich habe mir mein Leben nie so vorgestellt, wie es jetzt ist. Ich wollte mit 25 ein Kind haben und vorher schon verheiratet sein. So war mein Plan. Und ich wollte nie ein Haus, Garten habe ich immer gehasst, das kannte ich von daheim und musste als Kind da viel machen. Früher war ich viel in der Welt unterwegs, das fand ich total cool. Darauf warte ich jetzt auch wieder ein bisschen. Mein Sohn ist sechs Jahre alt, und seitdem er vier ist, reise ich mit ihm. Auch allein war ich mit ihm viel unterwegs. Auf Mallorca zum Beispiel. Das geht gut und macht uns beiden viel Spaß. Das Kind merkt, wie du bist. Man gibt das ja weiter. Wir waren zum Beispiel im letzten Jahr im Berchtesgadener Land, und da sind wir jeden Tag gewandert und das war super. Es ist nicht immer so, dass ich für ihn nur die Mutti bin. Manchmal bin ich auch eher so wie eine Freundin oder wir beide sind einfach zwei Abenteurer.

Wir haben eine sehr enge Bindung zueinander. Und trotzdem habe ich keine Angst, dass das schwierig wird, wenn mein neuer Freund hierherkommt. Ich hatte vorher auch andere Männer. Aber da habe ich immer nach ein paar Wochen festgestellt, dass ich mir das nicht vorstellen kann, zu dritt zu leben. Es hat sich da nie so ein Bild zusammengefügt. Jetzt ist die Frage nie aufgetreten seltsamerweise, wir können auch zu dritt eng sein. Das finde ich sehr schön. Wir haben zum Beispiel ein festes Abendritual. Wenn er ins Bett geht, lese ich ihm was vor oder wir spielen noch ein Brettspiel. Und zum Abschluss kuscheln wir, das mache ich jeden Tag. Und dann kuscheln wir einfach zu dritt.

Mein Freund und ich sind seit sechs Monaten zusammen. Er wohnt allerdings noch in Frankreich. Und die Fahrerei stresst mich schon. Er kommt viel her, ich fahre auch relativ viel da hin. Wir haben uns in Österreich kennengelernt. Ich war mit meinem Sohn und einer Freundin im Skiurlaub, und sie hat noch einen Freund mitgebracht. Ich fand ihn ganz nett, wir sind sehr schnell warm geworden. Für ihn war es Liebe auf den ersten Blick. Für mich hat es drei Tage gedauert. Als der Skiurlaub zu Ende war, habe ich schon gehofft, dass er sich meldet. Er war damals aber noch in einer Beziehung, und deshalb habe ich erst mal abgewartet, was passiert. Er ist dann nach Frankreich zurückgeflogen und hat noch am Flughafen mit seiner damaligen Freundin Schluss gemacht. Danach hat er mich sofort angerufen. Da habe ich gemerkt, wie sich für mich eine Tür öffnet. Er meinte es ernst. »Gut, ich schlaf da mal eine Nacht drüber«, hab ich gesagt und ihm am nächsten Tag angeboten, ihn in Paris besuchen zu kommen. Ich habe da noch nicht über die Entfernung nachgedacht. Sonst wäre es sofort vorbei gewesen. Eine Woche nach meinem Besuch ist er hierhergekommen, und dann hat sich das alles so ergeben. Im Sommer waren wir drei Wochen zusammen hier und jetzt sind wir schon ein wenig zusammengewachsen. Wir sind eine kleine Familie. Auch mein Sohn versteht sich mit ihm. Natürlich gibt es Punkte, über die wir diskutieren müssen. Da geht es zum Beispiel um den leiblichen Vater. Es muss okay sein, dass das Kind beide Männer lieb haben oder eben den Papa lieber haben darf. Mein Freund ist natürlich auch mal eifersüchtig. Wenn mein Sohn zum Beispiel zu seinem Vater geht, wenn mein Freund hier ist. Dann fragt er mich manchmal, warum der Kleine nicht bei uns ist. Das sind dann Diskussionspunkte. Aber es gibt nichts, was mir unüberwindbar vorkommt. Er hat keine Kinder. Das macht es einfacher.

Als ich meinen neuen Freund kennengelernt habe, war mein Sohn von Anfang an dabei. Das war ziemlich fetzig, denn die beiden waren enger miteinander als er und ich. Sie haben sich schon richtig gut verstanden, bevor wir uns zum ersten Mal geküsst haben. Das war alles sehr unkompliziert. Als mein Sohn dann gemerkt hat, dass mein Freund uns besucht, war er schon eifersüchtig. Die ersten drei, vier Male habe ich dann aber auch darauf geachtet, dass die beiden am Wochenende erst mal eine begrenzte Zeit miteinander verbringen. Denn natürlich ist es für meinen Sohn so, dass da jemand kommt und in sein Territorium eindringt, und sicher hat er auch gedacht, dass er seinen Platz einnehmen will, aber ich habe viel mit ihm darüber geredet. Und auch wenn er noch klein ist, hat ihm das sehr geholfen. Auch als mein Freund dann zu uns in den Urlaub nachgekommen ist, war mein Sohn total aufgedreht und eifersüchtig und hat immer nur an mir geklebt. Aber am nächsten Tag war es dann auch gut. Mein Sohn hat sich auch noch nie bei mir über meinen neuen Freund beschwert. Das war in meiner ersten Beziehung anders, da hat das Kind sich ganz oft bei seinem Vater über etwas beschwert, was ich gesagt oder gemacht habe. Das war sehr schlimm und hat mich sehr verletzt. Denn natürlich favorisiert der Partner immer sein Kind, und er ist mir damals oft in den Rücken gefallen. Und wenn das zu oft passiert, wird das eine richtige Wunde.

Wir beide wünschen uns ein Kind. Das ist fest geplant, und ich freue mich, dass wir uns da so einig sind. Denn ich habe innerlich schon Druck. Meine Uhr tickt, und ich weiß natürlich nicht, ob das so einfach noch mal klappen wird. Ich will das diesmal unbedingt, es fühlt sich so an, als würden wir damit die Familie perfekt machen mit einem gemeinsamen Kind, von dem er der Vater ist. Aber ich glaube, dadurch, dass ich mir aktuell so einen Druck mache, ist es jetzt sowieso nicht möglich, schwanger zu werden. Und wir haben beschlossen, dass es einfach passiert, wenn es passiert. Wir haben jetzt auch einfach zu viel Stress. Wir fahren hin und her, und das macht mürbe. Die Freude, der Abschiedsschmerz, da ist immer alles dabei.

Wir wollen nicht ewig pendeln. Wir haben also diskutiert, was möglich ist. Ich könnte nach Frankreich gehen. Für mich ist es aber schwieriger, das Land zu wechseln. Mein Sohn fängt gerade mit der Schule an, ich kann in dem Job, den ich jetzt habe, wahrscheinlich nicht gleich einen Job dort finden. Unser Plan ist jetzt, dass er erst mal zu mir zieht. Egal, ob er einen Job hat oder nicht. Er ist Architekt, ich denke, wir finden was für ihn. Ein Mann muss glücklich sein mit seinem Job, sonst leidet vieles.

Patchwork ist kompliziert. Dazu kenne ich ja auch noch beide Seiten. Und es ist definitiv viel schwerer, als ich mir das vorher jemals gedacht hätte. Als ich mit meinem Exfreund zusammenkam, hatte ich noch kein eigenes Kind. Und plötzlich bekam ich durch seinen Sohn ein sieben Jahre altes Kind. Wenn man als neue Partnerin in eine Familie hineinkommt, dann sieht man sich einer eingeschworenen Gemeinschaft gegenüber. Du als »Neue« bist erst mal so ein Fremdling, ein Störenfried in dieser Dynamik und musst letztendlich erst mal für das Kind ein Freund oder Kumpel werden. Und dann bist du gleichzeitig mit und neben deinem neuen Partner auch der zweite Erziehungsmensch, das Bonus-Elternteil. Und das ist gar nicht leicht, da erziehungstechnisch auf ein gemeinsames Level zu kommen und sich immer konstruktiv abzustimmen. Da ist man sich ja nicht immer einig, vor allem wenn der eine schon lange Vater ist. Mit sieben Jahren lassen sich Kinder ja auch nicht mehr alles sagen. Und ich musste erst mal herausfinden, wie man Sachen sagt, wie man mit einem Kind überhaupt redet, klarkommt, sich austauscht. Ich kann ja nicht wie eine Mutter daherschimpfen, ich bin ja nicht die Mutter. Ich bin quasi eine Freundin. Aber es gibt Alltagsdinge, die muss ich besprechen, als wäre ich eine Mutter. Das ist schräg. Und es ist ein langer Prozess. Weil ich eben nicht die Mutter war, habe ich viele Sachen auf der rationalen Ebene entschieden und nicht auf der emotionalen. Es hat bei mir eine Weile gedauert, eine kindgerechte Perspektive zu bekommen. Man wächst da nicht rein, man wächst da nicht mit. Man hat da kein natürliches Gefühl.

Außerdem ist mein Exfreund eher so ein Typ, der nicht wirklich gern über Probleme spricht. Er zieht sich eher zurück und wartet, dass die Probleme sich von selbst lösen. Aber ich muss darüber sprechen. Und das war schwer. Das hat sich aber natürlich auch alles wirklich erst herausgestellt, als wir zusammen als Familie in einer Wohnung gewohnt haben. Ich hatte mir das damals so vorgestellt, dass wir zusammenziehen und dass dann alles schön ist. Aber das war letztendlich ganz anders und wahnsinnig viel Arbeit. Das alles hat meine Vorstellung von Familie durchaus entzaubert. Ich komme aus so einem Bilderbuchelternhaus: Meine Eltern sind immer noch verheiratet, ich bin sehr behütet aufgewachsen, sie wohnen immer noch in demselben Haus. Und ich habe mir natürlich auch so eine klassische Familie gewünscht. Aber das hatte sich mit der Trennung erledigt.

Mit Mitte 30 verliebt man sich anders als mit Mitte 20. Man ist vorsichtiger, auch wenn man gegen Gefühle nie was machen kann. Meine Freundinnen waren sich auch sicher, dass das aus einem Ski-Abenteuer nichts werden kann. Aber jetzt freuen sich alle, dass wir das so durchziehen. Wenn man es will, geht es eben doch. Auch, weil wir nicht mehr 20 sind. Wir reden sehr viel offener über die Dinge und auch schneller: »Willst du Kinder, kannst du dir vorstellen, zusammen zu wohnen? Was willst du im Leben? Wo willst du hin?« Das haben wir schon nach ein paar Wochen besprochen. Nicht alles auf einmal natürlich, aber schon immer mal ein Thema nach dem anderen. Wenn du weißt, dass du zusammen sein willst, deinen Lebensabend miteinander verbringen willst, musst du nicht noch fünf Jahre testen. Wozu auch. Das brauchst du nicht mehr. Ich denke, dass man sich auch viel schneller trennt, wenn man merkt, dass es nicht passt. Und man findet sich auch viel schneller zusammen, wenn es passt. Man muss sich in manchen Dingen ähnlich sein.

Das ist auch eine Erkenntnis, die ich erst jetzt habe. Das sind so Sachen wie ob man arbeiten möchte, ob man gleiche Urlaubsvorstellungen hat, wofür man im Alltag gern Geld ausgibt, ob man unordentlich oder megapenibel ist. Das sind Fragen, an denen eine Beziehung ganz einfach kaputtgehen kann. Früher dachte ich immer, das findet sich, aber ich denke jetzt sehr bewusst darüber nach.

Durch diese Trennung habe ich mich natürlich fragen müssen, wo mein Leben hingehen soll. Das hat eine Weile gedauert, bis zu meinem 35. Geburtstag habe ich gebraucht, um da die richtigen Antworten zu finden. Zuerst wollte ich am liebsten sofort noch ein Kind. Und am liebsten ganz schnell eine Familie gründen mit einem neuen Mann. Das habe ich mir am Anfang total einfach vorgestellt, und ich war mir sicher, dass das sofort passiert, wenn ich mich getrennt habe. Quasi mit dem Nächsten, der mir über den Weg läuft. Das hat natürlich nicht funktioniert. Ich wollte dann doch alleine bleiben, und dann wollte ich wieder reisen, dann wollte ich alles auf einmal und war enttäuscht, weil ich zu viel wollte. Und dann ist nach und nach Ruhe eingekehrt. Das war ein schleichender Prozess. Am Ende stand dann erst mal die Erkenntnis, dass ich keinen Mann brauche, dass ich kein weiteres Kind will, dass ich das Leben mit meinem Kind genießen will und alles andere, was dazukommt, Luxus ist. Denn mein Leben war ja gut. Ich habe einen Job, ein Kind, und wir sind beide gesund. Das sind die Dinge, die man im Alltag ganz schnell vergisst.

Ich wirke nach außen immer so, als ob ich alles zweifellos gut im Griff hätte. Aber so ist das auch nicht. Ich habe zum Beispiel schon Angst, dass meine Beziehung scheitert. Denn ich habe mich da jetzt zu 100 Prozent drauf eingelassen. Und ein sehr großer Sorgenpunkt ist die Frage, ob ich noch einmal schwanger werden kann. Das ist ein schwieriges Thema.

Wir können zum Glück alle Ängste miteinander besprechen. Er weiß, dass ich mir große Sorgen mache, ob ich noch mal ein Kind bekommen kann oder nicht, und bei ihm ist das ähnlich. Ich glaube, der Kinderwunsch ist ganz stark auch Kopfsache. Beim ersten Kind habe ich mir überhaupt keinen Kopf gemacht, ob ich schwanger werden könnte. Da war das für mich so völlig klar. Aber jetzt habe ich diese Angst im Kopf, diese Zweifel. Ich habe Angst, dass ich mir dabei vor allem selbst im Weg stehe. Er will das auch unbedingt. Und na ja, so funktioniert das dann sicher nicht. Mein Freund wollte vorher nie Kinder. Aber seit er mich kennt, will er Kinder. Und natürlich macht es mich unruhig, dass ich nicht weiß, ob er hier eine Arbeit finden wird, die ihn erfüllt. Wo wird dann unsere Beziehung hinführen? Werden wir das aushalten? Das ist ein großer Punkt, weil ich natürlich nicht möchte, dass wir daran scheitern.

Wenn mein Freund jetzt zu uns zieht, dann sind wir ja wieder eine Patchworkfamilie. Aber diesmal bin ich in der anderen Rolle. Ich finde, das ist ein großer Vorteil, dass ich quasi auch seine Rolle kenne. Denn dadurch konnten wir schon jetzt viele Konflikte umgehen. Wir haben natürlich Spannungsfelder hinsichtlich des Kindes. Zum Beispiel wenn mein Sohn etwas über seinen Vater sagt, dann entsteht Eifersucht. Aber dann ist es gut, wenn ich mich daran erinnern kann, wie ich mich selbst in so einer Situation gefühlt habe, und so kann ich ihn viel besser verstehen. Denn ich kann ihm sagen, dass ich ihn verstehe. Und wenn ich mir jetzt meine neue Patchworkfamilie anschaue, dann hat sich das alles total einfach und unkompliziert gefügt. Natürlich habe ich mich gefragt, warum das so problemlos geht. Mein Sohn ist ganz dicke mit meinem Freund, wenn wir zu dritt auf der Straße laufen, drehen sich alle Leute nach uns um. Wahrscheinlich machen wir so einen glücklichen Eindruck.

Wir versprühen Harmonie und mein Sohn ist offen und merkt, dass wir uns lieben, mein Freund und ich. Ich vermute, dass das der Grund ist. Er hat ihn akzeptiert und ihn ins Herz geschlossen. Er ist jetzt keine Konkurrenz mehr. Natürlich wohnen wir noch nicht zusammen. Aber wir haben im Sommer drei Wochen zusammen verbracht. Und das lief vom ersten bis zum letzten Tag super. Und ich weiß einfach, wenn wir zusammenziehen, wird es genauso sein.

Und dann habe ich einfach losgelassen.

C., Inhaberin einer Modeboutique, fühlt sich in ihrem Körper endlich zu Hause

C. wollte schon immer Menschen ankleiden. Statt Designerin wurde sie aber mit 23 Jahren Mutter, eröffnete einen Laden und verkauft seit elf Jahren skandinavische Frauenmode. Wir treffen sie zwei Mal zum Gespräch, sie hat viel zu erzählen. Das erste Mal sitzen wir auf einem Sofa zwischen Kleiderstangen. C. ist eine temperamentvolle Erzählerin. Sie gestikuliert viel und hat eine laute und feste Stimme. Das zweite Mal treffen wir uns in ihrer Wohnung, die in einem ruhigen Stadtteil liegt. Die Häuser hier sind alt und teuer saniert. Auf ihrem Küchentisch steht eine rosafarbene Etagere aus altem Porzellan, die Zimmer sind mit skandinavischen Möbeln und vielen Accessoires eingerichtet. C. hat lange gegen ihre weibliche Figur gekämpft, bis ihr Körper sich gewehrt hat. Seitdem sie kurz vor ihrem 35. Geburtstag die Kontrolle losgelassen hat, wird sie immer leichter.

Mit 35 ist alles plötzlich wie im Schnelldurchlauf. Wofür ich vorher 15 Jahre gebraucht habe, brauche ich auf einmal nur noch 15 Monate. Mein Ziel ist es, mehr Leichtigkeit mit mir zu spüren. Eine Bodenständigkeit, was das Leben angeht, und die Achtung vor mir selbst. Ich bin immer ein Mensch gewesen, der abgehoben war. Aber ich merke, wenn ich die Bodenhaftung habe, ist da plötzlich eine Fülle, die mich nicht belastet – ganz anders als der alte Ballast. Ich glaube schon, das hat etwas mit einer sich wiederholenden Lebenserfahrung zu tun. Wenn sich Dinge wiederholen, denkt man irgendwann: »Okay, jetzt war das 15 Mal so, jetzt kann ich doch auch mal den Schalter umlegen.« Und dann ist es auf einmal möglich.

Kleider kaufen für andere Menschen, das kann ich, das konnte ich schon immer, das war schon mit 16 so. Ganz viele Mädchen aus der Schule sind mit mir einkaufen gegangen. Aber ich habe das immer nur für die anderen getan und zu mir gesagt: »Na ja, an mir sieht das eben nicht so schön aus, also kann ich das an anderen wenigstens irgendwie ausleben.« Aber jetzt ziehe ich meine eigenen Klamotten aus meinem eigenen Laden an.

Dieses Zuviel an meinem Körper war oder ist ein Schutzpanzer für mich. Ich habe den Vater meines Sohnes kennengelernt, als ich 15 war. Und immer wenn der sauer auf mich war, hat er mich »fettes Schwein« genannt. So wie meine Brüder früher. Ich hatte eine normale Figur, vielleicht war ich ein bisschen proper. Aber wenn ich vor dem Fernseher getanzt habe, haben die genau das zu mir gesagt. Wahrscheinlich habe ich deshalb angefangen, mich provokativ anzuziehen, und alles gezeigt, was vielleicht zu viel war. Ich mochte meinen Busen und mein Dekolleté. Und meine Mutter hat oft geschimpft, dass sie die Frauen so furchtbar findet, die ihre Brüste zeigen. Ihr wäre es am liebsten gewesen, wenn ich immer nur Walle-Walle-Kleider angezogen hätte. Aber ich dachte, wenn ich auch noch einen Sack anziehen würde, dann würde ich aussehen wie eine riesige Tonne. Man spürt sich nicht, wenn man diese weiten Kleider anhat. Wenn man engere Kleider trägt, spürt man sich mehr.

Bei uns in der Familie sind alle Musiker. Meine Tante war Opernsängerin, mein Großvater Kapellmeister. Aber meine Ausbildung war ganz anders. Ich wollte in Hamburg Modedesign studieren und war bei Jil Sander schon angenommen.

Ich hatte meine Mappe abgegeben und die haben gesagt: »Super, wir wollen dich unbedingt haben, du brauchst aber vorher noch einen Beruf. Du bist zu jung.« Also habe ich erst mal Friseurin gelernt. Das war nie mein Beruf, aber in dem Salon, in dem ich zuerst gearbeitet habe, habe ich mich ganz wohlgefühlt. Kurz vor dem Abschluss bin ich schwanger geworden. Da konnte ich nicht nach Hamburg gehen und auch nicht bei Jil Sander anfangen. Also alles was geplant war ging nicht. Dann bin ich drei Jahre zu Hause geblieben. Es hat nie wieder diesen Punkt gegeben, an dem ich mich gefragt habe, ob ich eigentlich beruflich woanders gelandet wäre, wenn ich nicht so früh schwanger geworden wäre. Jetzt denke ich manchmal daran, jetzt kommt es manchmal wieder hoch. Was ich mit 35 noch nicht gelebt habe und was ich vorher hätte leben wollen. Wenn ich die Schwere jetzt manchmal merke und spüre, wie hart das ist, ein Kind großzuziehen, dann denke ich daran. Aber ich bereue das nicht.

Das alles ist drei Monate vor meinem 35. Geburtstag passiert. Da habe ich mir die Haare abgeschnitten. Seit ich Kind war, habe ich lange Haare gehabt. Ich fand das toll, ich wollte immer lange Haare haben, dabei sah das nie cool aus. Aber ich wollte keinen Zentimeter abgeben. Dann kurz vor meinem Geburtstag habe ich meinen Laden aufgegeben, mir die Haare abgeschnitten und mich von meinem Freund getrennt.

Meine Mutter war immer sehr eifersüchtig auf mich. Mein Vater war mir sehr zugetan, ich war das einzige Mädchen. Ich war seine absolute Prinzessin. Er hat mich an die Hand genommen und mich auf so ein Treppchen gesetzt. Und ich habe das wunderbar die ganzen Jahre erfüllt – noch übererfüllt über das zwölfte Lebensjahr hinaus. Das Problem war nur, dass mein Vater mich in meiner Pubertät nicht mehr so nehmen konnte wie vorher, als Mädchen, und dass er mich einfach losgelassen hat. Damit bin ich nicht gut zurechtgekommen. Und meine Mutter, die hat sich oft richtig dazwischengedrängt. »Das ist mein Mann!«, hat sie oft gesagt und dass ich nicht richtig bin, so wie ich bin. Sie wollte mir Sachen einreden wie: »Hättest du doch mal den Martin aus Berlin geheiratet, diesen adligen, feinen Mann, da wäre alles gut gewesen.« Das findet sie heute noch. Aber seitdem ich gemerkt habe, dass mir das Hören auf meine Mutter sehr viel kaputtgemacht hat – gerade in Beziehungen –, seitdem brauche ich diesen Panzer nicht mehr. Ich brauchte den Schutzpanzer vorher, um dieses Kindsein vor meiner Mutter aufrechterhalten zu können, damit ich ihr Gemecker abprallen lassen konnte.

Kurz vor meinem 35. Geburtstag habe ich begonnen, meine Haltung zu ändern, und versucht, mich nicht mehr als Opfer zu sehen. Schließlich ist kein anderer dafür zuständig, wie ich mich fühle. Daran arbeite ich, dass ich immer erst bei mir hinschaue und genau gucke, was da los ist. Und dadurch verändert sich ganz viel. Ich fühle mich plötzlich getragen, habe viele Freunde, kann überall hingehen, und alle empfangen mich mit offenen Armen. Ich bin nicht allein, obwohl ich keine klassische Familie habe. Und auch wenn ich mit mir allein bin, kann ich gut mit mir sein. Das konnte ich früher nicht. Ich habe mir da selbst was erschaffen, was ganz unabhängig ist von meiner Familie. Ich kann jetzt sagen: »Mama, das ist deine Angelegenheit – so denkst du –, aber ich denke darüber anders.« Ich bin jetzt eine Tochter auf Augenhöhe.

Ich habe eine echte Pleite hingelegt mit meinem Laden, weil ich alles allein gemacht habe. Ich habe meinen Sohn in die Schule gefahren, habe hier den ganzen Tag gearbeitet, nebenbei den Haushalt geschmissen. Und da konnte ich mich nicht so gut um die Finanzen kümmern. Und dann kam die Baustelle vor dem Geschäft und plötzlich war ich pleite. Ich hätte mir nie vorstellen können, wenn vor einem Jahr jemand zu mir gesagt hätte: »Du musst deinen Laden aufgeben, und es ist ungewiss, ob es weitergeht.« »Niemals!« hätte ich gesagt und den Laden bis zum bitteren Ende weitergeführt, bis ich hier wahrscheinlich gar nichts mehr gehabt und noch draufgezahlt hätte. Ich hätte es wirklich durchgezogen. Aber an dem einen Abend – das weiß ich noch ganz genau – da saß ich hier bei meinem Bruder und habe einfach gesagt: »Okay.« Das ist für mich loslassen, sich der Situation zu ergeben und zu sagen: »Es geht nicht mehr, du machst dir gerade etwas vor.« Das war total befreiend.

Vor dem Moment des Loslassens hat es sich so angefühlt, als würde ich irgendwo hinspringen wollen, aber nicht über den Punkt kommen, über den ich hätte springen müssen. Ich hatte schon Jahre vorher immer gesagt: »Ich wünsche mir, dass mir mal jemand alles aus meiner Wohnung wegnimmt«, weil ich so viel angehäuft hatte. Meine Finanzen waren chaotisch, aber normalerweise hätte ich wahrscheinlich einfach daran festgehalten, dass ich das schon irgendwie schaffe, allein, wie immer. Das war aber wie so ein Blitz, das weiß ich noch, ich habe so bitterlich geheult und es tat echt weh, den Schritt zu gehen und sich zu sagen: Es ist jetzt so, jetzt lasse ich das alles los, jetzt lasse ich mir helfen. Vorher war mein ganzer Unterleib blockiert. Ich hatte auch eine Endometriose. Frau zu sein war also völlig gefährlich und schmerzhaft. Und dann hatte ich in einer Nacht wieder diese ganz krassen Krämpfe. Und dann wollte ich da mal genau reinfühlen und habe keine Mittel genommen. Keine Ibuprofen wie sonst immer, sondern einfach nur in meinen Bauch spüren und mich fragen, wo sitzt der Schmerz, warum sitzt er da, und auf einmal ist etwas in mir geplatzt, ich habe gemerkt, dass wieder etwas fließen konnte. Und seitdem wurde alles immer ein bisschen weniger: weniger Wasser, weniger Kilos, weniger Schmerzen.

»Was willst du denn?« ist für mich die schwerste Frage. Das setzt mich total unter Druck und macht alles was ich tue schlecht. Ich denke immer: »Was ich habe, stimmt doch nicht.« Ich wollte ja immer sehr viel. Und das überrennt mich dann, das Zuviel überrennt mich. Und deshalb nehme ich mir jetzt selbst die Dinge weg, damit ich wieder einen Blick habe für das Wesentliche. Ich habe mich von vielen Freunden und oberflächlichen Beziehungen einfach getrennt, weil ich von denen keinen Rat mehr wollte. Und von meinen Möbeln. Und mein Körper lässt auch los. Ich nehme plötzlich ab, und auch die Wasseransammlungen werden viel weniger. Ich trage gerade viel Ballast ab. Ich habe meine Wohnung gekündigt und fange an, die Dinge, die ich über die Jahre wie einen Schutz angehäuft habe, einzupacken und auszusortieren. Ich habe mir immer gewünscht, dass jemand kommt und mich von all dem Mist befreit, aber vielleicht ist es viel besser zu sagen, dass ich mich selbst davon befreie. Das ist eine interessante Phase. Ich habe mich entschieden, diese Wohnung mit all den Sachen im Keller und auf dem Dachboden zu kündigen, ohne dass ich etwas Neues habe. Und je mehr ich ausmiste, desto mehr merke ich, wie ich mich körperlich wieder spüren kann.

Seitdem ich 35 bin, habe ich ohne Diät 18 Kilogramm abgenommen. Ohne etwas zu machen, etwas nicht zu essen oder mehr Sport zu machen. Zuerst dachte ich, das hätte ich alles irgendwie meinem neuen Freund zu verdanken. Aber das ist mir dann schnell klar geworden, dass das nicht an ihm gelegen hat, sondern auch an mir. Ich habe ja immer nach der Liebe gesucht, aber wahrscheinlich nach der Liebe zu mir. Und da waren die Männer nur Spiel- und Beiwerk.

Ich bin sehr leidenschaftlich gewesen, ich bin neugierig und auch oft laut. Jetzt kann ich mich dazu aber selbst spüren. Es ist die Nähe zu mir, die ich suche und brauche. Mich als Frau in meinem Körper zu fühlen und gut zu spüren und lieben zu lernen, das ist gerade mein Thema. Meinen Körper anzunehmen. Es gibt viele Momente, in denen ich das schon gut schaffe, da kämpfe ich überhaupt nicht mehr. Aber es gibt auch diese ganz krassen Momente, in denen ich alles ganz fürchterlich finde. Selbst dann versuche ich mir jetzt zu sagen: Ja, es ist scheiße, es ist gerade fürchterlich. Ja.

Ich bin auf einem guten Weg herauszufinden, wer ich bin, wie es mir geht. Es ist nicht so, dass ich das schon herausgefunden hätte. Aber ich glaube, dass diese zweite Hälfte im Leben wirklich dafür da ist. Ich habe nicht mehr das Gefühl, den Boden unter den Füßen zu verlieren, wenn ich jetzt einen Partner verliere oder wenn etwas anderes wegbricht. Die Ängste sind zwar da, und ich wünsche mir das alles natürlich nicht, aber es ist nicht mehr so existenziell. Ich will nicht mehr einen Mann an meiner Seite haben müssen, um mich ganz zu fühlen. Man kann sich nicht nur als Frau fühlen, weil man einen Mann hat. Ganz will ich auch für mich allein sein. Das Ziel meines Weges ist, mich zu lieben, ganz und gar. Und alles andere, was dann dazukommt, darf dazukommen. Wer in mein Leben kommt, darf reinkommen und darf da sein. Ich merke, dass ich mich immer mehr so nehmen kann, wie ich bin. Und das ist das größte Geschenk.

Das hat sich angefühlt wie Folter.
Anne, Gynäkologin, über die Entscheidung,
Nein zur Reproduktionsmedizin zu sagen

Anne ist Gynäkologin und lebt mit ihrem Mann und ihrem
Sohn auf einem Dorf bei Hannover. Ihr Haus ist das letzte
in der Straße, durch die bodentiefen Fenster blickt man über
weite Felder hin zum Wald. Wir sitzen an einem langen Ess-
tisch, über dem zwei alte, große Metalllampen hängen, wie
man sie in Berlin und München kaufen kann. Der Tisch ver-
bindet die Küche mit dem Wohnzimmer, auf dem Dielenboden
liegen viele verschiedene Spielzeuge, die meisten sind aus Holz.
Annes Sohn ist gerade mit dem Vater unterwegs. Das Kind ist
zwei Jahre alt und ein kleines medizinisches Wunder, denn die
Ärzte hatten prognostiziert, dass Anne auf natürlichem Weg
gar nicht schwanger werden kann. Dass es doch geklappt hat,
war für das Paar ein großes Glück. Jetzt wünscht sich Anne
ein zweites Kind. Aber sie weiß, dass ihre Chancen ab Mitte 30
geringer werden. Und gerade deshalb will sie ihren Fehler nicht
wiederholen und diesmal von Anfang an auf ihren Körper
hören.

Ich bin schulmedizinisch ausgebildet, aber ich bin nicht
hundertprozentig davon überzeugt, dass das die einzige
Lehre ist. Ich glaube, es gibt sehr viel, was auch geht, worauf wir aber nicht zurückgreifen können, weil wir es nicht
gelernt haben. Es gibt offenbar Menschen, die unter Druck
schwanger werden können, und es gibt Menschen, die das
nicht können. Die Schulmedizin ist in Bezug auf die Gründe,

warum man eben nicht schwanger wird, diagnostisch sehr eingeschränkt. Man weiß viel mehr als noch vor zehn Jahren, aber man weiß nur sehr beschränkt, was wirklich dazu führt, warum eine Frau schwanger wird in einem bestimmten Zyklus oder warum sie es eben nicht wird. Ich bin davon überzeugt, dass ich ein Mensch bin, bei dem sich der Körper komplett wohlfühlen muss, um schwanger zu werden. Sonst geht das nicht. Und darum geht es jetzt. Dass ich mich wohl fühle. Und mit 35 Jahren kann ich sagen, dass ich endlich weiß, was das für mich bedeutet.

Ich möchte nicht so gern älter werden. Ich warte immer noch darauf, dass ich irgendwie werde. Ich habe über viele Sachen immer gedacht, »ich mach das ein bisschen später«. Jetzt, mit Mitte 30, merke ich, dass ich an dem Punkt bin, an dem ich die Dinge einfach tun muss. Entweder jetzt oder gar nicht mehr. Aber ich will es eben nicht wahrhaben. Ich habe lange auf den Zeitpunkt gewartet, an dem ich mich älter und reifer fühle. Aber ich fühle mich einfach noch genau so wie immer. Und ich komme vielleicht auch erst langsam da an, dass ich verstehe, dass das nicht so wird, dass man sich eben nie angekommen fühlt. Ich hätte zum Beispiel schon gern ein zweites Kind. Ich weiß aber nicht, ob das so wird oder nicht. Denn das, was ich mit Anfang 30 wegen dieses Kinderwunsches über mich ergehen lassen habe, das möchte ich eigentlich lieber vermeiden. Aber ich weiß auch, dass die Zeit jetzt viel mehr drängt als noch vor ein paar Jahren.

Ich bin sehr behütet auf einem Bauernhof aufgewachsen mit zwei jüngeren Brüdern. Meine Großeltern haben mit bei uns auf dem Hof gelebt. Meine Mutter ist nach ihrer Ausbildung zur Krankenschwester erst mal komplett zu Hause geblieben, bis dann mein jüngster Bruder in die Schule gekommen ist. Ja, behütet ist wohl das entscheidende Wort. Meine Eltern hatten einen reinen Ackerbaubetrieb mit Weizen, Rüben und Gemüse. Meine Kindheit hat sich also vor allem draußen abgespielt. Ich habe mit Freundinnen gespielt, die in einem Umkreis von einem Kilometer gewohnt haben. Später bin ich mit dem Bus überall alleine hingefahren.

Als älteste Tochter dachte ich schon, dass auf mir bestimmte Hoffnungen liegen. Vielleicht lag das auch daran, dass mir die Schule so leichtgefallen ist. Dementsprechend hatte ich immer gute Noten und dann gabs halt auch schnell das Bild von der Anne, die studieren wird. Das hat zwar nie jemand gesagt, aber das war unterschwellig total klar. Es war auch immer Thema, dass man schon einen Beruf ergreifen sollte, mit dem man gut über die Runden kommt. Ich konnte mir aber auch nicht vorstellen, sofort nach der Schule eine Ausbildung zu machen und arbeiten zu müssen. So weit wäre ich damals nicht gewesen. Ich wusste ja noch gar nicht, wo ich wirklich mal hin will. Wie ich zur Medizin gekommen bin, das frage ich mich tatsächlich auch häufig. Meine Mutter war Kinderkrankenschwester, und ich habe in der zehnten Klasse ein Praktikum in ihrem Krankenhaus gemacht. Ich habe nicht wirklich nach Alternativen gesucht und fand immer den Aspekt toll, dass das so etwas Spektakuläres hat. Es ist ja häufig sehr dramatisch als Mediziner. Dieses Existenzielle, wenn es bei Leuten echt um etwas geht, das hat mich sehr gereizt. Das war auch so ein Adrenalin-Ding. Ich habe nach der Schule noch eine Rettungssanitäter-Ausbildung gemacht. Ich dachte, da könnte man gut neben dem Studium ein bisschen arbeiten. Und mit 20 habe ich gleich mit dem Medizinstudium in Hannover angefangen. Ich hätte erst mal eine Pause gebraucht, um mir auch mal in Ruhe Gedanken zu machen. Und dazu frage ich mich im Nachhinein schon, warum ich ausgerechnet hier auch studieren wollte und nicht irgendwo anders hingegangen bin. Das war nicht mein allertiefster Wunsch oder so. Ich habe die Sachen eher so gemacht, weil sie sich so ergeben haben.

Mein Studium war ein einziger Kampf, weil ich schlecht organisiert war. Ich musste immer ganz kurzfristig ganz viel lernen. Ich war nie der Überflieger. Es waren Leute cleverer, aber ich habe immer alles bestanden. Allerdings mit viel Gewese vorher, das muss man sagen. Ich glaube, ich habe eine Art Hassliebe zu diesem Chaos, das vor so einem Ereignis stattfindet. Ich finde es einerseits total atzend, dass ich mich da reinbegebe in so ein Schlamassel, aber ein Stück weit liebe ich auch diese Dramatik, diese Extremsituation. Ich kann mich zum Beispiel an eine Mikrobiologieprüfung erinnern. Da habe ich für ein Semester in einem totalen Loch gewohnt und bin eine Woche lang immer nur zu dem Kiosk nebenan gegangen, habe mir Schokolade gekauft und weiter gelernt. Ich habe mich nur von Süßigkeiten und irgendwelchem Fertigessen ernährt und habe die Prüfung dann tatsächlich ganz gut bestanden.

Meinen Mann kenne ich aus der Schule. Ich fand ihn schon immer ein bisschen toll und anders herum war das auch so. Er hatte immer sehr viele Freundinnen und war eigentlich nie Single. Er ist nach dem Abi zum Studieren nach Bremen gegangen, und wir haben uns zwei Jahre quasi gar nicht gesehen. Und dann war kurz vor Weihnachten Ehemaligentreffen. Und wir haben uns dort gesehen und mir war von Anfang an klar, dass er es ist. Er hatte zwar noch eine Freundin, aber das hat uns nicht davon abgehalten, gemeinsam abzuzischen. Ich war damals nicht immer so fröhlich und habe mich manchmal auch depressiv gefühlt. Aber wenn ich mit ihm zusammen war, fühlte ich mich nie so richtig schlecht. Das ist bis heute so. An den allermeisten Tagen geht von ihm so viel Positives aus. Manchmal ist er natürlich auch schlecht drauf, dann ist die Stimmung auch gleich mal richtig mies. Aber er war so oft so positiv, dass er mich immer mitgezogen hat und ich mich richtig aufgehoben gefühlt habe. Das ist das, was mich so sicher gemacht hat mit ihm.

2009 waren wir zusammen auf der Fusion, einem Musikfestival an der Müritz. Wir hatten eine coole Phase. Wir waren wegen meines Jobs nach Sachsen gezogen, und ich hatte dort angefangen in einer Klinik als Frauenärztin zu arbeiten. Und dann hat er mich in der Nacht auf dem Festival gefragt, ob ich ihn heiraten will. Ich war richtig baff, ich hätte nie damit gerechnet, dass das kommt. Ich habe nicht auf einen Antrag gewartet und auch gar nicht damit gerechnet. Auf seine Frage habe ich deshalb auch geantwortet: »Willst du mich verarschen?« Wir waren ja auch ziemlich breit und in einer gefühlsduseligen Stimmung, und ich dachte, das wäre jetzt so eine spontane Eingebung von ihm. Dann hat er einen Ring gezückt. Ab da war ich ganz selig und fand alles prima. Es ist schon so, dass ich immer heiraten wollte. Das war auch so etwas, was ich irgendwann mal machen wollte, aber es hat sich natürlich nicht so angefühlt, als wäre der Zeitpunkt schon gekommen. Irgendwann eben. Als ich in der Situation war, war das aber keine Frage mehr. Natürlich hatte ich nach dem Antrag noch mal so eine Zweifelphase: »Ist das jetzt wirklich der Mann? Schläfst du in deinem ganzen Leben niemals mehr mit einem anderen? Bist du nie mehr in jemand anderes verliebt?« Das sehe ich mittlerweile aber anders. Ich glaube nicht, dass man sich nie mehr verliebt. Ich glaube, man lernt damit umzugehen. Aber die Fragen hatte ich, wobei ich das große Ganze niemals in Frage gestellt habe.

Nach der Hochzeit sind wir drei Monate auf Hochzeitsreise gefahren. Nach Indien und nach Südamerika. Schon auf der Reise habe ich aufgehört zu verhüten. Ich hatte schon immer vermutet, dass es für mich schwierig sein würde, schwanger zu werden. Ich war vorher auch nie schwanger gewesen. Vielleicht war das alles auch eine selbsterfüllende Prophezeiung. In jedem Fall bin ich, als ich nach der Reise nicht schwanger war, sehr schnell zu einer Frauenärztin gegangen, die mir entgegenkommen wollte und mich in die Kinderwunschpraxis überwiesen hat. Wir haben nicht mal ein halbes Jahr versucht ein Kind zu zeugen. Ich war gerade 30. In der Kinderwunschpraxis wurde sehr schnell eine Diagnostik gemacht, bei der herauskam, dass bei mir die Eileiter nicht durchgängig sind, und dann war sofort klar: künstliche Befruchtung. Außerdem hatten sie herausgefunden, dass das Sperma meines Mannes ganz schlecht war. Wir beide zusammen waren also eine Katastrophe, was die gemeinsame Reproduktion angeht. Das war damals zumindest das Ergebnis.

Wenn es in meinem Leben ein Problem gibt, dann kann es auch schnell passieren, dass ich mich in Informationskanälen verrenne und da gar nicht mehr rauskomme. Da gibts für mich nichts anderes mehr, nur noch das eine Thema und immer wieder Google und immer wieder da noch mal gucken und da noch was lesen. Das ist und war vor allem damals für meinen Mann sehr anstrengend. Ich hatte mir zum Beispiel schon vor dem ersten Kontakt mit der Kinderwunschpraxis mehrere unterstützende Mittelchen besorgt, um meinen Zyklus zu verbessern, und auch mein Mann musste Mittelchen schlucken, damit sein Spermiogramm besser wird. Ich wurde also schon vor dem ersten Versuch ein bisschen manisch. Und dann hat es ja auch nicht funktioniert. Aber ich war so mega, megaungeduldig. Ich habe im Nachhinein mal zusammengezählt, wie viele Monate ich nur noch mit medizinischen Dingen beschäftigt war und gar nicht schwanger werden konnte. Einen Monat bevor die künstliche Befruchtung durchgeführt wurde, musste ich noch mal die Pille nehmen. Dann wurde die künstliche Befruchtung gemacht, dann hatte ich noch eine Bauchspiegelung. Das waren so viele Monate, in denen mein Körper gar nicht die Chance hatte, auf natürliche Weise irgendwas zu tun. Als das mit der künstlichen Befruchtung beim ersten Mal nicht funktioniert hat, war ich verzweifelt. Im Nachhinein kann ich aber sagen, dass das alles viel zu stressig und überstürzt abgelaufen ist und ich erst wieder zu mir gekommen bin, als der Schwangerschaftstest negativ war und ich bei meiner Frauenärztin zum Ultraschall war und die zu mir sagte: »Wir können im nächsten Monat wieder anfangen!« Da war ich sehr überfordert und konnte mir überhaupt nicht vorstellen, wie das gehen soll. Ich war total fertig, psychisch und physisch. Und die Vorstellung, dass ich das im nächsten Monat schon wieder machen soll, hat sich angefühlt wie Folter. Damit war klar: Erst mal Pause.

Bei einer künstlichen Befruchtung gibt es verschiedene Vorgehensweisen. Ich musste mit Beginn des Zyklus anfangen, mir Medikamente zu spritzen. Damit reifen die Eizellen heran. Dann musste ich noch etwas dazugeben, was den Eisprung unterdrücken soll, weil der extra ausgelöst wird. Wenn es gut läuft, hast du dann nicht zu viele, aber auch nicht zu wenige Eibläschen, die gleichzeitig heranreifen und die nach dem Eisprung in einer OP abpunktiert werden. Dann werden die Eier dort herausgezogen und außerhalb des Körpers mit dem Sperma zusammengebracht. Während dieser ganzen Zeit bist du nur auf Reproduktion gepolt. Und voller Hormone. Das Thema Kind war natürlich das Hauptthema in dieser Zeit. Das Thema war sehr bestimmend für unsere Beziehung. Da wurde uns erst ganz langsam klar, dass wir auch emotional etwas dafür tun müssen, damit es uns beiden weiterhin gut geht. Das ist etwas, was mich noch immer sehr beschäftigt. Denn natürlich wird mal in einem Nebensatz in der Kinderwunschklink gefallen sein, dass das eine anstrengende Behandlung ist. Aber das Ausmaß der psychischen Belastung ist mir vorher einfach überhaupt nicht klar gewesen. Dann immer dieses Zählen. Drei Versuche wurden bei uns von der Krankenkasse zu 50 Prozent übernommen. Als der erste Versuch nicht geklappt hat, blieben nur noch zwei. Und du weißt natürlich, dass du danach noch aus eigener Kasse unendlich weitermachen kannst, wenn du das Geld dafür hast. Ein Versuch kostet aber immer mehr als 2000 Euro. Und irgendwann bist du damit einfach fertig. Finanziell und psychisch.

Ich habe nach diesem gescheiterten Versuch gemerkt, dass ich auch noch andere Dinge in meinem Leben anschauen und hinterfragen muss. Meine Arbeit war ein Thema. Die habe ich dann gekündigt, denn ich war voll überfordert mit all den Babys und Schwangeren. Es sah immer so aus, als ob es bei allen klappen würde, nur bei mir nicht. Ich habe nach der Klinik in einer Praxis angefangen. Da sind zwar auch die Schwangeren, aber man hat nicht auch noch die Babys dazu. Und ich habe eine Psychotherapie angefangen. Das war das Beste, was ich machen konnte. Mir ging es einfach richtig schlecht. Ein sehr großes Thema war, dass ich mir in dieser Phase überhaupt nicht vorstellen konnte, dass ein glückliches Leben für mich ohne Kind möglich sei. Ich konnte zwar nicht konkret festmachen, was da genau unglücklich sein soll in meinem Leben und warum es nicht vielleicht auch anders gehen kann. Das war einfach so ein großes Gefühl. Das ist jetzt mit Mitte 30 anders, aber damals habe ich mich fast wertlos gefühlt, weil mein Körper offenbar fehlerhaft ist und etwas nicht kann. Ich habe mich dreckig gefühlt. In der Therapie ging es häufig um die Frage, ob ich es meinem Körper zutraue, dass er eine warme Höhle, ein warmes Nest für ein Baby sein kann. Und das konnte ich mir am Anfang nicht vorstellen. Ich hatte ein richtiges Kältegefühl in mir. Und das hatte ich offenbar unterbewusst schon lange, denn ich hatte ja von Anfang an Zweifel, ob ich überhaupt schwanger werden kann.

Mein Mann konnte diese Leere und Traurigkeit fast nicht mehr aushalten. Die Therapie war für uns beide die Rettung. Am Anfang war ich noch richtig depressiv. Aber nach und nach ging es mir besser. Wir haben gar nicht mehr in Frage gestellt, ob wir generell mit dieser Kinderwunschbehandlung weitermachen oder nicht. Wenn wir beide nicht wirklich können, schien das ja die einzige Möglichkeit zu sein. Und trotzdem haben wir uns nach dem ersten Versuch erst mal in alle Richtungen informiert. Auch über Adoption haben wir nachgedacht. Ich habe mich zusätzlich mit Traditioneller Chinesischer Medizin beschäftigt und natürlich habe ich mich auch weiter informiert, was Kinderwunsch-Behandlung angeht. Als es mir wieder besser ging, haben wir einen zweiten Versuch gestartet. Wenn ich jetzt darüber nachdenke, war das alles auch wieder ganz schön schnell. Der erste Versuch war im Dezember, der zweite im September darauf. Wir hatten damals wieder eine ganz gute Phase. Ich hatte den neuen Job, mein Mann hat gern gearbeitet, wir konnten gut über alle diese Dinge miteinander reden. Durch diesen ersten Fehlversuch wussten wir schon, welche Voraussetzungen erfüllt sein müssen, um das alles noch einmal zu versuchen.

Für die zweite künstliche Befruchtung sind wir in eine Klinik nach Prag gegangen. Dort waren wir mal über Silvester und fanden Prag damals total schön und dachten: Wenn wir schon so was machen müssen, dann machen wir es halt da. Wir haben vorher alles Mögliche in Bewegung gesetzt. Ich habe dort vor Ort noch jemanden gefunden, der mich vor der Zellentnahme akkupunktiert, und wir haben viel,

viel Aufwand betrieben, um uns optimale Bedingungen zu schaffen. Ich habe mich auch vor dem Versuch nicht wirklich gestresst gefühlt. Ich habe mich gut gefühlt, körperlich und auch psychisch war ich recht positiv drauf. Eigentlich war das dort ein schöner Aufenthalt, trotz dieser künstlichen Befruchtung. Das war eine ganz andere Nummer als vorher in der Klinik in Leipzig. Wir hatten eine gute Ferienwohnung, wir sind nett essen gegangen, die Stadt war schön, es war eine gute Woche. Und danach sind wir noch eine Woche nach Bayern in den Urlaub gefahren. Dort habe ich den Schwangerschaftstest gemacht, und der war positiv. Allerdings eher schwach positiv. Dann waren wir wieder zu Hause, und da fing das Drama quasi an. In der Praxis, in der ich gearbeitet habe, habe ich mir gleich Blut abnehmen lassen, um den Schwangerschaftswert bestimmen zu lassen. Und der war auch positiv, aber auch nicht exorbitant hoch. Ich war natürlich erst mal superhappy, dass es offenbar generell funktioniert hatte. Wir waren uns zwar nicht so richtig sicher, ob man sich jetzt freuen darf, aber als dieser Blutwert positiv war und die Frauenärztin nach einer Woche eine Fruchthöhle gesehen hat, war ich erst mal wirklich guter Dinge. Ich habe auch selbst einen Ultraschall gemacht, und da war auch ein bisschen Herzaktion zu sehen. Und trotzdem habe ich das dann relativ lange herausgezögert, bis ich wieder zur Frauenärztin gegangen bin. Ich war sehr aufgeregt, ich hatte kein richtig gutes Gefühl. Da hing so viel dran. Der Moment, in dem wir dieses Projekt gestartet hatten, der lag ja schon wieder Monate entfernt. Und die Vorstellung, dass das in einer Fehlgeburt endet und ich wieder von vorn anfangen muss mit diesen ganzen Gedöns, die war so deprimierend, dass ich einfach verdrängt habe, dass es vielleicht doch nicht geklappt hat. Man kann das ja in der frühen Schwangerschaft wirklich nie sagen. Und die Symptome waren nicht besonders extrem, aber ich hatte welche. Wobei ich natürlich auch Hormone nehmen musste zusätzlich. Ich war erst in der zehnten Woche wieder bei der Ärztin. Da war der Embryo aber schon nicht mehr am Leben, und das offenbar schon eine ganze Weile. In dem Moment waren mein Mann und ich in einem wirklichen Schockzustand. Ich wollte, dass die Ausschabung sofort gemacht wird. Das passierte dann am nächsten Tag, also ganz schnell. Das war schrecklich.

In der Zwischenzeit hatten wir angefangen, hier auf dem Dorf bei Hannover ein Haus zu bauen. Da war also die Entscheidung schon getroffen, dass wir wieder hierher zurückkommen wollen. Deshalb hatte ich schon während des zweiten Versuchs Kontakt zu einer neuen Klinik in Hannover aufgenommen und mich dort als Ärztin beworben. Und die haben sich dann gemeldet und hatten plötzlich auch sofort einen Job. Ich hatte die wegen der Kinderwunschbehandlung noch ein bisschen hingehalten, aber als ich die Fehlgeburt hatte, habe ich dort sofort zugesagt. Damit wusste ich, dass etwas ganz anderes wichtig ist. Ich musste erst mal in den neuen Job reinkommen, und das war so vereinnahmend in Kombination mit dem Hausbau, dass ich in der ersten Phase hier überhaupt nicht darüber nachgedacht habe, dass wir das alles vielleicht noch einmal versuchen müssen.

Wir haben unser Haus mit zwei Kinderzimmern geplant und auch so gebaut. Diese Planungen hatten wir schon gemacht, noch bevor wir wussten, dass es für uns unmöglich ist, auf natürlichem Wege Kinder zu bekommen. Aber wir haben das trotzdem genau so durchgezogen. Mein Mann war in der Bauphase teilweise hier, teilweise in Sachsen. Ich hatte sehr viel Stress mit dem neuen Job. Das war eine größere Klinik mit Frühchenstation. Und dann war nebenbei der Bau mit Aussuchen der Fliesen, Lichtschalter, Türen und so weiter. Das war so viel, dass da für andere Gedanken und Pläne gar kein Raum war. Und ich hatte sowieso die Nase voll. Ich wollte nichts davon wissen. Wir wollten erst mal ankommen. Ich habe mir im Laufe des Jahres einen Frauenarzttermin gemacht hier. Aber erst für Dezember. Ich wollte da nicht so gern hin, ich habe den Termin lange hinausgezögert. Denn es war ja klar, dass mir der Arzt dann eine Überweisung zur Kinderwunschbehandlung ausstellt und ich da wieder hingehen muss. Aber als ich im Dezember beim Frauenarzt war, war ich schon schwanger. In der siebten Woche.

Wir hatten vorher eine gute Phase. Wir haben uns superwohlgefühlt. Wir wohnten hier endlich in dem Haus und hatten zum Einzug eine tolle Party gefeiert am Ende des Sommers. Dann sind wir viel zusammen herumgefahren. Wir waren in Köln, in München auf dem Oktoberfest. Mein Mann hat immer gesagt, dass er sich das schon vorstellen kann, dass ich auch so schwanger werde. »Hä? Wie kommst du bitte auf die Idee? Wir wissen doch wie die Befunde sind, wie soll das denn klappen?« Aber das war so sein Gefühl. Mit seiner Parole »Das wird schon klappen!« konnte ich total gut leben. Selbst wenn es bedeutet hätte, dass wir eben zu zweit bleiben. Denn das war ja das, was die Medizin quasi gesagt hat. Aber wir beide fanden uns in der Phase so toll, dass wir uns plötzlich vorstellen konnten, dass das auch reicht. Dass da nicht noch eine Krönung sein muss, die für viele ja dieses Kind sein soll und vorher auch für mich immer gewesen ist.

Dann waren wir in Spanien auf einer Hochzeit, und da war ich so unglaublich sexversessen, wie ich es noch nie vorher gewesen bin. Ständig wollte ich Sex haben. Und ich bin wirklich niemand, der das sonst so häufig braucht. Ich habe auch nicht irgendwelche Hintergedanken gehabt. Ich habe mich gut gefühlt und fand meinen Mann super. Wir waren dann wieder zurück, ich sollte eigentlich meine Tage kriegen, habe sie dann aber nicht bekommen. Aber ich wusste zum ersten Mal in meinem Leben auch nicht mehr, wann ich das letzte Mal meine Regel gehabt hatte. Vorher hatte ich natürlich immer total drauf geachtet. Aber diesmal eben nicht. Und dann habe ich immer noch mal nachgerechnet, weil ich dachte, dass ich mich verrechnet habe. Dann habe ich den Test gemacht, der war sofort megapositiv, aber da war ich, glaube ich, schon Ende der sechsten Woche. Und es hat geklappt. Im August ist unser Sohn geboren worden. Gesund.

Es ist total toll, ein Kind zu haben. Es ist superschön. Aber ich weiß nicht mehr, was für eine absurde Vorstellung es war, zu denken, dass damit alles gut wird. Ich dachte vorher immer, dass mir die Dinge dann total leichtfallen würden, nur weil ich ein Kind habe. Das ist natürlich nicht so. Oder dass mich dieses Kind vervollständigen würde, und ich die ganze Zeit fröhlich wäre. Das ist natürlich auch nicht so. Ich dachte nämlich, das wäre ein Zustand der ewigen Glückseligkeit. Ich habe etwas Zusätzliches bekommen, was ganz viel Stress, ganz viel Arbeit, ganz viel Anstrengung und ganz viel Kummer bedeutet. Aber das ist es auch wert. Es ist nur definitiv kein Glücksgarant.

Diese Erkenntnis hat mich verändert. Ich weiß jetzt, dass es auf andere Dinge ankommt. Ob mit oder ohne Kind, ob mit Haus oder ohne Haus, ob auf dem Land oder in der Stadt – es kommt darauf an, dass ich bei mir bleibe. In der Phase, in der ich unbedingt und schnell ein Kind haben wollte, bin ich immer davon ausgegangen, dass mich dieses Kind besser machen würde, mich toller machen würde und in einem besseren Licht dastehen lassen würde. Aber das sind im Nachhinein absurde Gedanken. Es ist ja absolut nicht so, dass eine Frau per se besser oder glücklicher ist, nur weil sie in der Lage ist, ein Kind zu bekommen. Ich habe durch diese Zeit gelernt, dass es vor allem darauf ankommt, dass man mit sich im Reinen ist. Wie auch immer man da hinkommt. Jetzt mit Mitte 30 bin ich zum Beispiel körperlich viel fitter als je zuvor. Ich fühle mich gut in mir, ich finde mich schön. Ich weiß, dass mir Bewegung guttut. Und ich schaffe das jetzt auch, mich dazu aufzuraffen. Das ist nur eine Kleinigkeit, aber früher ist mir das oft schwergefallen.

Mein Sohn ist schon irgendwie ein kleines Wunder. Manchmal schaue ich ihn an und denke, wie krass das ist, dass er da ist. Gerade weil ich seitdem nicht wieder auf natürlichem Wege schwanger geworden bin. Ich wünsche mir noch ein zweites Kind, auf jeden Fall. Und ich bin auch ein bisschen ungeduldig. Jetzt bin ich 35. Jetzt kann ich diesen Altersaspekt nicht mehr so gut ausklammern.

Vor fünf Jahren habe ich bei der Kinderwunschbehandlung immer gedacht: Die typische Kinderwunschpatientin ist 38 und geht dann erst in die Kinderwunschklinik und hat damit natürlich auch nicht mehr die tollsten Voraussetzungen. Ich war damals erst 30. Und jetzt bin ich 35 und denke mir, dass es rein statistisch gesehen nicht einfacher werden wird. Und wir hatten auch bis vor kurzem gesagt, dass wir noch mal diesen Weg der künstlichen Befruchtung gehen wollen. Denn wir hätten einfach so gern noch ein zweites Kind, dass wir das in Kauf nehmen würden. Aber jetzt im Moment bin ich mir nicht mehr sicher. Ich habe erst gestern den Termin abgesagt, den wir für kommende Woche in der Kinderwunschpraxis gemacht hatten. Ich will das jetzt erst mal mit alternativen Methoden versuchen. Vielleicht macht mich da auch mein Alter ein bisschen geduldiger. Und natürlich weiß ich jetzt, dass mir diese Behandlung nicht guttut. Aber erst jetzt habe ich den Mut, mich für den Moment dagegen zu entscheiden. Zeit hin, Zeit her.

DIESE EINE HALTESTELLE

Wir stehen weit im Westen an einer Tram-Haltestelle. Keine von uns beiden war jemals zuvor an diesem Ort. Es ist später Vormittag, und trotzdem sind die Augen klein. Wir sind träge, die Komplizin und ich, die Taschen hängen schwer auf den Schultern. Ist es die Nähe, die uns müde macht? Wir wurden eingeladen, näherzukommen. Durften einen Augenblick lang in fremde Leben treten, ob im Einfamilienhaus, in der Single-Dachgeschosswohnung oder auf dem alten Bauernhof. Mein Magen schmerzt, bei ihr ist es der Hals. Wir wollen nach Hause. Ich blinzle die Gleise entlang und bleibe mit den Augen an einer Frau hängen, die direkt vor uns steht. Sie trägt einen feinen Business-Zwirn, hat die kurzen Haare ordentlich frisiert und Make-up aufgetragen. Ich kenne sie, aber nicht in diesem Aufzug. Ein einziges Mal habe ich sie getroffen. Sie saß auf einem Sofa in Schmalkalden, über 300 Kilometer von dem Ort entfernt, an dem wir alle drei jetzt zufällig stehen. Sie trug damals T-Shirt statt Blazer. Drei Stunden haben wir uns unterhalten. Ich spreche sie an. Wir lachen ungläubig. Sie kommt von einem Bewerbungsgespräch für eine Stelle, die sie raus aus Schmalkalden und weiter nach oben bringen könnte. In Runde drei von fünf gönnt sie sich ein wenig Hoffnung auf eine Stadt mit Sushi und Kino. Gibt es hier, versichern wir, haben wir beides gesehen! Die Bahn kommt, wir steigen ein und fahren gemeinsam zum Hauptbahnhof. Es ist Zeit. Wir haben viel gesehen.

Stefanies Badezimmer ist eine Kampfansage. Überall liegen Waffen, mit denen sie jeden Tag in die Schlacht zieht:

Tuben und Tinkturen, Deodorants und vor allem die vielen verschiedenen Rasierer fallen mir auf. Neben dem Fön liegt ein rosafarbener Lippenstift. Aber egal wie gut sie sich rasieren wird, egal wie penibel sie die Finger maniküurt, sich die Lippen schminkt, das, was Stefanie sich am meisten wünscht, wird nie passieren. Sie hat Tränen in den Augen, als sie darüber spricht. Und sie ist neidisch auf uns, das gibt sie offen zu. Denn wir können im Gegensatz zu ihr entscheiden, ob wir Kinder auf die Welt bringen wollen oder nicht.

Es ist das Thema, das alle Frauen beschäftigt, die wir treffen. Will ich Mutter sein? Welche Art von Mutter will ich sein? Sollte ich noch einmal Mutter werden? Viele haben schon Kinder, wünschen sich noch ein zweites oder drittes. Andere nicht. Janine zum Beispiel: 35, Informatikerin in einem internationalen Konzern, Ausnahmefrau in einer Männerdomäne, Mitglied bei den Grünen. Sie wohnt mit zwei alten Katzendamen in einer Vier-Zimmer-Wohnung. Demnächst wird ihr Freund einziehen. Bisher hatte Janine immer nur offene Beziehungen. Dieser Freund ist der erste, der sie nicht teilen muss. Sie hat große Angst vor Automatismen und zwar in jedem Lebensbereich. Jetzt sitzt sie auf ihrem großen grauen Sofa und hat Angst vor der Zukunft. Sie will sich reiben, immer wieder neu entscheiden, Abenteuer erleben. Kinder? Lieber nicht. Na ja, wobei, ihre Eltern würden sich sehr freuen. Und so viel Zeit ist ja nicht mehr. Sie nimmt drei frische Himbeeren aus der Schale, steckt sie sich auf einmal in den Mund und sagt beim Kauen leise: »Man muss richtig aufpassen. Manchmal weiß man nicht, woher die Wünsche kommen. Ob von außen oder von innen.«

Wie findet man heraus, was man wirklich möchte? Ist es nur ein hormonell gesteuertes Programm, das uns beeinflusst und ins Schwitzen bringt? Mit Mitte 30 ist noch alles möglich. Aber nicht mehr lange. Die gesunden Eizellen werden weniger, die Risiken höher. Freunde versichern oft, dass man noch viel Zeit habe. Auch kein gutes Zeichen. Aber wie können wir sicher sein, dass eine Entscheidung jetzt auch später noch die richtige ist? Kinder sind kein Glücksgarant, gesteht uns eine, die es wissen muss. Der anderen fehlt der Partner. Für die Dritte kommt Nachwuchs nicht in Frage. Höchstwahrscheinlich. Ganz anders und viel später als unsere Mütter und Großmütter können wir uns fragen, wie wir unser Leben gestalten wollen. Emanzipation und Reproduktionsmedizin haben uns dazu mehr Zeit verschafft. Der Teil der Frauen, die über 30 ihr erstes Kind bekommen, wächst stetig, die Zahl der jungen Mütter geht immer weiter zurück. Auch eine Entscheidung gegen eigene Kinder ist zumindest offiziell gesellschaftsfähig geworden. Inoffiziell steht ab Mitte 30 aber doch überall die Frage im Raum, warum man sich eigentlich nicht dafür entschieden hat.

Zwei Wochen nach der Haltestelle im Westen tauche ich ein Stäbchen in einen weißen Plastikbecher. Das Fenster hinter mir steht offen. Im Hof zwitschern die Vögel. Ich stelle den Becher auf das Waschbecken, schaue mich im Spiegel an. Die Augen sind ein bisschen verquollen, es ist noch früh. In der Küche höre ich meinen Freund Kaffee kochen. Er weiß nicht, dass ich gerade in einen Becher gepinkelt habe. Warum auch. Wir müssen beide gleich los. Ich habe einen Termin beim Allgemeinarzt. Mir geht es nicht gut. Seit der Reise ist mein Magen empfindlich und meine Stimmung mies. Das Stäbchen soll nun vorab ausschließen, was sehr unwahrscheinlich ist. Es ist vielleicht der vierte Test in meinem Leben. Aber es ist der erste, bei dem sofort ein zweiter Strich erscheint.

Ich klingele bei ihr mit Keksen in der Hand. Der Öffner summt, der Weg nach oben steht offen. Normalerweise steige ich die Treppen schnell hinauf. Heute wächst die Aufregung mit jeder Stufe. Wird sie uns trennen, diese eine rosafarbene Linie? Muss ich das Boot jetzt wechseln? Die Wohnungstür steht offen. Ich höre sie telefonieren, lege die Kekse auf den Tisch und warte am Fenster. Sie kommt kopfschüttelnd herein, legt das Telefon auf den Kühlschrank und fragt »Wie geht es dir?« Wir tanzen umeinander herum, das spüren wir beide. Tasten uns ab, wissen nicht, wie das jetzt weitergeht für uns. Bisher war unsere Welt ganz einfach: Die dort, wir hier. Gibt es das, dieses Dort? Werde ich nun automatisch dorthin transportiert? Geht man über eine Art von Schwelle, wenn man zum ersten Mal schwanger ist? Werden wir weiterhin Komplizinnen sein? Wir rühren verlegen in den Tassen.

Bisher waren wir gemeinsam der Fehler im System. Wir waren die, die nur an sich denken durften, am Wochenende ausschlafen konnten, das Geld nur für das eigene Vergnügen verpulvern wollten. Wir sind durch die Welt gereist, haben uns teure Lederschuhe gekauft und unwaschbare Wollstrickjacken. In unseren Wohnungen liegen keine Spielsachen. Wir haben Raum für uns. Die Vorstellung, sich für einen weiteren Menschen verantwortlich zu fühlen, machte uns Angst. Und die Ahnung, nie mehr wirklich allein zu sein, beunruhigte uns beide. Dennoch: Die Frage stand immer im Raum, auf dem Balkon und auf dem Dach hoch über den Häusern. Sie kommt – spätestens mit Mitte 30 und bahnt sich ihren Weg: Will ich vielleicht doch Kinder? Bin ich keine echte Frau, nur weil ich mich nicht danach sehne, Mutter zu sein? Anders als mit Mitte 20 geraten viele Frauen jetzt in Panik, wenn der Schwangerschaftstest negativ ausfällt. Aber auf die Frage, warum sie Mütter werden wollen, kommen nur Antworten, die wir vielleicht verstehen, aber nachfühlen können wir sie nicht so recht.

Jetzt gehe ich allein über einen grünen Teppich in Richtung Muttisprechstunde. Seit zehn Jahren laufe ich regelmäßig über diese kurzen, leicht zu pflegenden Fasern. Zur Kontrolle, bei jedem gynäkologischen Zipperlein. Nachdem die Chipkarte am Eingang eingelesen ist, schleicht man in den Wartebereich und wartet. Heute werde ich zum ersten Mal aufgehalten auf diesem Laufsteg Richtung Beine breit. »Sie müssten noch ein Becherchen Urin abgeben bitte!«, flüstert mir die Sprechstundenhilfe ins Ohr. Dabei legt sie mir die Hand auf die Schulter. Sie ist blond, riecht trotz der Hitze nach Duschgel und bietet mir auch noch ein Glas Wasser an. Das ist mir hier noch nie passiert. Eine Frau, deren massiver Bauch von einem grünen Flatterkleid bedeckt wird, dreht mir den runden Kopf zu und lächelt. Wir sitzen in diesem Moment in einem Boot. Auch wenn meine Fahrkarte bisher nur ein rosafarbener Strich in einem Kontrollfenster ist. Eine Möglichkeit, nicht viel mehr. Die Sprechstundenhilfe schreitet mit dem Zettelchen, auf dem mein Becher-Ergebnis steht, strahlend an mir vorbei. Niemand hat mich hier angestrahlt, als ich mit einer schlimmen Blasenentzündung auf dem Stuhl hin und her rutschte, niemand hat mir die Hand auf die Schulter gelegt, als ich wegen einer unangenehmen Geschlechtskrankheit nicht sitzen konnte und auf dem grünen Teppich stehend warten musste. Einzig die inzwischen leider verrentete Sprechstundenhilfe hatte mir damals am Eingang ein »Das ist doch alles scheiße, oder?« entgegengeschmettert. Ja. Total scheiße. Aber jetzt wird mir Wasser angeboten und auch ein Lächeln. Unbemerkt habe ich in vielen kinderlosen Jahren als eine Patientin zweiter Klasse auf dem gepolsterten Wartestuhl gesessen. Aber jetzt, da ich vermutlich in der Lage war mich zu reproduzieren, spiele ich mit in der ersten Liga.

Drei Monate später »sieht man schon was«. Im Büro fragt mich eine Kollegin, ob sie meinen Bauch anfassen darf. Ich bin so perplex, dass ich mein »Nein« rufe und reflexartig einen Schritt zurückgehe. Sie ist nur die Erste von vielen. Auch Männer, denen ich sonst nicht einmal die Hand schüttele, haben mich schon gefragt. Mein Körper ist jetzt öffentlich. Dazu besitze ich ein Dokument, das mich als Mutter ausweist. In mir wächst ein Mitglied der Gesellschaft heran. Auch dessen Entstehung ist plötzlich schamlos verhandelbar. Wenn es um Fortpflanzung geht, macht Sex Sinn und darf überall besprochen werden. Selbst mit den knittrigsten Tanten am Kaffeetisch ist ein »Wir versuchen schon seit Monaten ein Kind zu bekommen« möglich. Keiner stört sich an »Bei uns hat es sofort geklappt!« Meine Aufgabe als werdende Mutter besteht darin, mich konform zu verhalten und mich zu freuen. Das heißt: nicht trinken, nicht rauchen, keine anderen Drogen, viel schlafen, gesund essen, zum Arzt gehen. Das funktioniert ohne Probleme, denn mein Körper ist ein Streber und lehnt jede Art von Ausschweifung kategorisch ab. Aber mein Kopf rebelliert. Freu dich doch mal! Denk nicht so viel darüber nach! Lass es einfach zu! Nur wie?

Nach vier Wochen sitze ich wieder beim Frauenarzt. Mir gegenüber sitzt ein Paar. Sie: blonde Haare, Hand auf dem dicken Bauch. Er: keine Haare mehr, tippt unentwegt auf seinem Telefon. Sie reden über die Wirtschaftlichkeit von Stoffwindeln. Danach folgt eine Diskussion, ob man das Baby emotional besser unterstützt, wenn es in einem Tragetuch an der Mutter hängt oder in einem sportlichen Gurtsystem herumgetragen wird. Sie will das Tragetuch, er plädiert für den Sportgurt. Ich schaue mich ganz vorsichtig um, aber niemand sonst findet diese Situation schräg. Wir sind jetzt Teile einer sehr ausdifferenzierten Zielgruppe eines millionenschweren Marktes. Hier handelt man mit Gefühlen. In der Apotheke stehen Regale voller Nahrungsergänzungsmittel, die nur Gutes für die werdende Mutti und ihr Ungeborenes enthalten: Alles in einer Tablette! In der Buchhandlung bin ich plötzlich »Mami to go«, die sich bei »Babypedia« über die »Baby-Betriebsanleitung« informieren kann. Eine junge Frau nimmt im Wartezimmer strahlend direkt neben mir Platz. Sie hat noch keinen Bauch, dafür tatsächlich jede Menge Einkaufstüten dabei. Sie schaut lächelnd in die Runde, hält sich auch eine Hand auf den noch flachen Bauch. Dann kommt ihr Freund dazu und setzt sich neben sie. »Ach, das ist alles so aufregend, ich musste schon in ein Becherchen pinkeln!« »Aha.« Dann zieht sie aus einer der Tüten einen bunten Umstandsrock. »Toll, oder? Musste ich schon mal kaufen für die Schwangerschaft!«

Der Filzrock baumelt noch vor meinen Augen, als mich die Hebamme, die in der Frauenarztpraxis die Schwangeren berät, in ihr Zimmer bittet. Warum habe ich noch keinen Rock kaufen wollen? Warum lege ich mir nicht immerzu die Hand auf den Bauch? Warum heule ich vor Selbstmitleid, wenn ich auf der Waage stehe? Werde ich eine gute Mutter sein? Kann ich überhaupt ein Kind lieben? Die Hebamme trägt einen roten Arztkittel und lächelt unentwegt. Sie spricht mit mir ganz langsam und mit einer sehr hohen Stimme, so, als wäre ich nicht nur schwanger, sondern plötzlich auch schwer von Begriff. Emotional würde ich mich jetzt in einer sehr aufregenden Zeit befinden, in der sich die Gefühle auch überschlagen können, schnelle Stimmungswechsel seien ganz normal. Das Wichtigste wäre, ruhig und entspannt zu bleiben und sich zuversichtlich zu freuen. Ich solle ihr einfach erzählen, wie es mir aktuell geht, ganz offen, alle Gefühle seien erlaubt. Als ich ihr relativ detailliert meine sich überschlagenden Empfindungen beschreibe, erstarrt ihr Lächeln. Sie klärt mich darüber auf, dass ich mich einlassen muss und dass ich vorsichtig sein soll mit meinen schlechten Gedanken. Die sind nämlich nicht gut fürs Kind!

Mein Kind. Ich sehe es auf dem Ultraschallmonitor. Es hat lange Arme, sagt die Ärztin. Wie ich. Affenarme. Damit kann man gut Tischtennis spielen. Und trotzdem begreife ich nicht, was das schwarz-weiße Wesen auf dem Bildschirm mit mir zu tun haben soll. Manchmal blubbert und zwickt es jetzt in mir. Wie wird dieser Mensch aussehen? Vor ein paar Tagen saß ich am Schreibtisch und hatte offenbar ohne es zu bemerken die Hand auf meinen Bauch gelegt. Ist es das? Taste ich mich so aus der Isolation des Undenkbaren? Ich wünsche mir, dass dieses Wesen geboren wird, aber ich wünsche mir auch, wieder eine Frau zu sein und keine Brutmaschine mit Tränen in den Augen. Ich weiß, dass ich privilegiert bin. Ich jammere auf einem sehr hohen Niveau. Ich habe ein Dach über dem Kopf, einen Freund, der mich und Kinder liebt, eine Familie, die jetzt sehr oft anruft, einen Job, der mich fesselt, und Freunde, die mich sehen wollen, selbst wenn ich mich nicht mehr sehen kann. Und ich habe eine Komplizin. »Du wirst so sein, wie du sein willst als Mutter. Und wenn du furchtbar wirst, sage ich dir Bescheid. Versprochen.«

Es nieselt. Die kleinen Sprühtropfen sind nur vor den Leuchtreklamen an den Fassaden sichtbar. Die Komplizin und ich schieben unsere Räder auf der Straße, die uns beide an Russland erinnert. Breite Fahrbahnen, die Gebäude flach, alte DDR-Fassaden. In der Ferne ragen hohe Plattenbauten in den Himmel. Wir kommen aus der Innenstadt. Es ist Samstag, die Einkaufsstraßen waren voll. Die Menschen haben Plastiktüten getragen und Kinder geschoben. Wir haben spioniert, vor allem in den Gesichtern der Mütter und Väter. Sehen sie glücklich aus? Niemand weiß, ob dieses, mein Kind überhaupt gesund und lebendig zur Welt kommen wird. Niemand kann sagen, ob die Komplizin später einmal

Mutter sein wird oder nicht. Ich habe nie ihr Leben gelebt, nie ihre Lieben geliebt, niemals Leber gegessen, kein Theaterstück auf die Beine gestellt, keinen Film gemacht, bisher kein Arabisch gelernt oder an fremden Häusern geklingelt, nur um zu erfahren, ob man hier einziehen könnte. Sie hat nie nach dem Aufstehen ins Klo gekotzt und danach von einer Currywurst geträumt, nie in Asien sechs Wochen in einer Hängematte gelegen, war nie in einen Mann mit Kind verliebt, hat keinen Bruder getröstet oder einen Thrombosestrumpf angezogen. Aber sie hat heute eine Schwangerschaftshose ausgesucht. Eine blaue, enge Jeans. Für mich.

Ich dachte immer, ich hätte einen Plan B.

Steffi, freie Projektmanagerin, über den Mut, Schwächen anzunehmen

Ihre Freunde nennen sie Steffi. Eine Frau mit schwarzen langen Locken, lässig nach hinten gebunden. Im Keller steht ihr Rennrad, früher ist sie in jeder freien Minute damit unterwegs gewesen, manchmal tagelang. Bewegung ist für sie der Inbegriff von Freiheit. Früher ging sie gern aus, aber inzwischen kommen viele ihrer Freunde nicht mehr mit. Wegen der Familie, dem Job und der allgemeinen Müdigkeit. Manchmal fühlt sie sich, als hätte sie die Abfahrt verpasst. Dabei ist es für die Berlinerin sehr lange nur bergauf gegangen. Nach der Schule ging sie erst nach Amerika, dann nach Australien, und über einen Zufall landete sie schließlich in Leipzig. Sie fing an zu studieren, war ehrgeizig, und so folgte nach dem Studium bald eine Festanstellung, da war sie Anfang 30. Fast drei Jahre hat sie durchgehalten. Bis sie mit Mitte 30 begriff, dass sie sich in eine Sackgasse manövriert hatte. Zum ersten Mal in ihrem Leben war sie gezwungen, sich mit ihrer eigenen Schwäche auseinanderzusetzen.

Der Umbruch war letztes Jahr sehr stark. Ich war in einem falschen Job, in einer falschen Sicherheit und habe mich in den falschen Entscheidungen total verheddert. Das war schwer, da wieder herauszukommen. Auch wenn man noch jung ist, ist es trotzdem schwer zu kündigen, ohne etwas Neues zu haben. Ich war total ausgebrannt und konnte alles, was so passiert ist, einfach nicht verarbeiten. Dann habe ich gesagt: Stopp, das geht so nicht weiter, und plötzlich kam der richtige Tiefpunkt.

Ich war am Boden und habe nur gedacht: Verdammt, wie bin ich hierhergekommen. Ich hatte mir das ganz anders vorgestellt. Das ist zum ersten Mal passiert. Ich habe zum ersten Mal ganz klar gespürt, dass ich nicht glücklich bin, dass da etwas fehlt, und das ist schmerzhaft. Früher habe ich das offenbar gut kaschiert, ich war viel unterwegs, bin viel gereist, war immer draußen. Damit kann man sich gut beschäftigen, aber ich bin dadurch nie an meine essentiellen Bedürfnisse herangekommen.

Ich bin in Berlin-Marzahn großgeworden. Wir waren keine große Familie, ich bin mit meiner Mutter und meinem Vater aufgewachsen. Als Kind habe ich gern im Plattenbau gewohnt. Ich konnte überall hinlaufen, zum Kindergarten, zum Sport, zur Schule. Ich war immer Schlüsselkind. Es war alles in dem Wohngebiet, es ging alles zu Fuß. Und das mit der Mauer habe ich gar nicht gewusst. Die S-Bahn fuhr zur Endstation, und da war eben Schluss. Ich habe das erst viel später mitbekommen. Und als ich dann die Welt entdecken wollte, war die Mauer ja längst gefallen. Das kam genau zum richtigen Zeitpunkt. Wir waren die Ersten, die in der Schule Englisch lernen durften. Und vor dem Abitur bin ich zum Schüleraustausch nach Amerika gegangen. Das war toll. Aber als ich zurückkam, habe ich in der Platte wirklich die Krise gekriegt. Ich konnte nicht mehr nachvollziehen, wie man sich auf so kleinem Raum wohlfühlen kann. Ich habe mich einfach nicht mehr zu Hause gefühlt. Heute sind die meisten Orte ja auch weggebaggert.

Zwei Jahre lang bin ich rumgereist, war als Au-pair in Amerika, danach in Australien und über Umwege hat es mich nach Leipzig verschlagen. Hier habe ich mich auf Anhieb wohlgefühlt und auf Magister Kommunikations- und Medienwissenschaften studiert. Aber nach dem Studium dachte ich schon: Mensch, jetzt fängt die Karriere an. Die Welt steht dir offen. Und dann habe ich ein Jahr in Straßburg gearbeitet, genau in dem Bereich, in dem ich immer arbeiten wollte, und plötzlich kam der große Clash: Will ich das wirklich? Ich habe in dem Unternehmen als Praktikantin angefangen, war in der Multimedia-Abteilung und habe immer so Wochen- und Monatsverträge bekommen. Das war total prekär. Ich weiß, das ist nichts Ungewöhnliches, aber ich wusste nicht, ob ich Lust habe, zehn Jahre lang so zu leben. Ich bin jedes Wochenende nach Leipzig gependelt, und das hat mich irgendwann total fertiggemacht. Und dann bin ich wieder zurückgegangen. Das war eine sehr bewusste Entscheidung zu sagen: Ich verzichte für den Job nicht auf mein ganzes Umfeld.

Dann kam der Umbruch. Eine Agentur für Kongresse und Veranstaltungen, bei der ich schon im Studium nebenbei gejobbt hatte, bot mir eine Festanstellung an. Und auf einmal saß ich da von montags bis freitags und war in einer komplett anderen Welt. Daraus sind drei Jahre geworden. Es war unheimlich stressig. Ich konnte mit dieser Welt einfach nichts anfangen, aber ich dachte: Okay, jetzt bin ich erwachsen und muss mich eben mal durchbeißen, denn dieser Job bringt mir ja auch etwas: Sicherheit, Stabilität und Ruhe. Ich dachte damals, ich brauche etwas Festes, weil das jetzt passieren muss. Das war ein bisschen aufgezwungen. Ich habe meinen Job gut gemacht, aber ich habe schnell gemerkt: Das kann es nicht gewesen sein. Dieses von neun bis fünf oder eigentlich war es immer von neun bis sieben. Und plötzlich war alles fix. Mein Gehalt war fix, mein Ort war fix, und das hat mir überhaupt nicht gepasst. Von einer kompletten Unsicherheit in die komplette Starre. Ich hab mich da ziemlich gequält, aber ich dachte eben lange, ich bin jetzt erwachsen und muss mich durchbeißen.

Ich habe früher immer gedacht, ich wüsste, wer ich bin, aber jetzt bin ich mir da nicht mehr so sicher. Nach außen interessiere ich mich noch immer für die gleichen Sachen, aber vom Kopf her bin ich auf einmal anders gepolt. Meine Innenansicht hat sich verändert. Ich bin immer noch ein lebenslustiger, dynamischer und offener Mensch, aber ich gehe anders an Menschen heran und höre anders zu. Das ist mir erst im letzten Jahr aufgefallen. Das hat etwas mit emotionaler Reife zu tun. Früher ging es ja immer nur alles bergauf. Schule, Abitur, Reisen, Studium, neue Leute, Praktikum, Ausland, erster Job, Nebenjob, das war ein ständiges Wachsen, was sollte da für ein Tiefgang kommen, was sollte mich da bremsen? Und dann merkst du plötzlich: Uh, jetzt fängt das Leben an, und das war superhart. Ich habe das erst mal überbrückt und gedacht, ich gehe in die Festanstellung und dann wird das schon alles, weil das ja alle anderen auch so machen. Aber dann merkt man, dass die Strukturen einen auch nicht glücklich machen und dass man immer wieder an Widerstände kommt, gerade mit sich selbst, und die kann man gar nicht kommunizieren. Wie soll ich meinem Chef sagen: Ich habe keine Verbindung zu dem, was ich hier mache? Oder warum machst du das? Diese Fragen stellt man sich selbst, aber nicht anderen. Im Studium ist das ganz anders gewesen, da war man ja die ganze Zeit am Diskutieren, und irgendwann wird das so ein innerer Prozess, den man mit anderen Menschen nicht mehr so teilen kann, weil die gar nicht offen dafür sind.

Männer haben in meiner Familie nie eine Rolle gespielt. Ich habe immer allein funktioniert, und es ist gut gegangen. Ich habe noch nie gespürt, wie es ist, auch mal 50 Prozent gehen zu lassen und der andere gibt noch etwas dazu. Klar, Affären hatte ich auch und so Kurzzeitgeschichten, und dann merkt man: Ja, cool, das ist schön und macht Spaß. Also ich weiß schon, was das bedeutet, aber ich hatte nie eine richtig verbindliche Beziehung. Aber was man nicht erfahren hat, kann man nicht so stark vermissen. Ich hatte mal eine Beziehung von knapp einem Jahr, da habe ich das erste Mal ausgesprochen, dass ich nicht mehr allein sein will. Er hat sofort Reißaus genommen.

Ich hatte eine Abtreibung. Ich hatte mich schon von dem Mann getrennt und habe mich danach nur gewundert: Komisch, mir schmeckt der Kaffee nicht und ich mag keinen Alkohol mehr. Aber ich habe das nicht gerafft, und dann musste es alles sehr schnell gehen. Ich musste meinen Ex anrufen, und er hat es gleich gewusst. Wir mussten uns dann nochmal treffen, und da kamen natürlich die ganze verletzte Eitelkeit und der Schmerz hoch. Und ich habe die starke Frau gespielt und gesagt: Wenn ja, dann nur unter den und den Umständen. Ich wollte eine stabile Beziehung und nicht einen Mann, der sagt: Ich weiß nicht, was kommt, aber ich werde dich immer unterstützen. Das ist das Schlimmste, was du hören kannst. Das will man nicht hören. Ich habe Möglichkeiten, mein Leben zu gestalten, und das war ein Punkt, an dem ich mein Leben eben gestaltet habe und mich dagegen entschieden habe. Ich wollte kein Kind, ich wollte eine Beziehung. Deshalb war für mich klar, dieses Kind kann ich nicht haben. Das ist kein Teil von mir. Die Entscheidung war richtig, damit habe ich nicht gehadert. Aber dadurch ist etwas in mir ausgelöst worden. Dann kam der Stress auf der Arbeit, und ich habe mich gefragt, wofür ich das eigentlich mache. Das war die Initialzündung, irgendwann ging es nicht mehr. Dann hatte ich noch einen Autounfall, weil ich vor Erschöpfung auf jemanden draufgefahren bin. Da war klar: Irgendwas stimmt hier nicht. Ich habe noch ein halbes Jahr im Job durchgehalten, dann ging gar nichts mehr. Das war krass. Das hatte ich noch nie. Eine absolute Ausnahmesituation. Ich dachte immer, ich hätte einen Plan B. Aber das war eine echte Sackgasse.

Ich hatte plötzlich das Gefühl, nichts mehr wert zu sein. Mein Leben kam mir total sinnlos vor. Es war alles nur noch eine Hülle. Ich war so fertig, ich hatte keine Beziehung, zu nichts. Ich hatte einen richtigen Burnout. Ich konnte nicht ans Telefon gehen, konnte keine Fragen beantworten. Besonders schwer war es, mich in dieser Situation meinen Freunden zu zeigen. Aber es ging nicht anders, und es tat mir gut zu sehen, dass sie mich unterstützen. Das hätte ich früher nie zugelassen. Für mich ging der Weg immer nur nach oben. Ich hatte immer Angst, wenn ich Schwäche zeige, dass sich jemand von mir abwendet. Ich dachte immer, ich muss stark sein. Weinen hätte ich nie zugelassen. Das musste ich erst mal erkennen. Dass eigentlich nichts Schlimmes passiert, wenn ich sage: Mir gehts nicht gut.

Ich hatte das Gefühl: Es ist zu spät. Ich habs vermasselt. Um mich herum haben plötzlich alle geheiratet oder ein Haus gekauft und Kinder gekriegt. Immer dieser Fortschritt, diese sichtbare Weiterentwicklung. Und ich habe mich plötzlich gefragt: Wieso passiert das bei mir nicht? Meine Veränderung ging nur im Strudel abwärts, und bei allen anderen ging es aufwärts. Nur ich habe immer noch in meiner Wohnung gewohnt, in der ich schon als Studentin gewohnt habe. Ich habe kein Kind, keinen Mann, kein was weiß ich. Das ist, als hätte ich irgendwie kein Label. Das wollte ich auch nie, aber als es mir plötzlich nicht mehr gut ging, hätte ich gern so einen Anker gehabt, um zu wissen, wer ich bin.

Ich war immer die, die gesagt hat: Ich will nie heiraten und nie Kinder haben. Ich wollte frei sein und was erleben.

Ich hätte nicht gesagt: Ich will jetzt einen Mann kennenlernen. Das war nie auf der Agenda. Ich wollte tanzen gehen, Musik hören, tolle Konzerte erleben, Festivals organisieren. Das hat mich genährt. Lange habe ich mich gar nicht getraut, den Wunsch nach einem Mann zuzulassen.

Und jetzt ist er da, der Wunsch nach Familie. Ich merke, dass ich das brauche. Wenn ich irgendwo hinkomme, hängen die Kinder sofort an mir. Das macht mir Spaß, ich fühle mich von ihnen auf eine ganz ursprüngliche Art wahrgenommen. Den Kindern ist das ja egal, was ich arbeite oder was ich für eine Ausbildung habe. Da ist eine sehr direkte Bindung zu einem Menschen. Das habe ich so früher nie erfahren, weil alles schon manipuliert ist. Da geht es viel um Rollen. Und diesen authentischen Kontakt zu einem Menschen, den erlebe ich jetzt so vielleicht zum ersten Mal.

Meine Liebesbiografie befindet sich immer noch in dem Kästchen »ledig«. Ich habe mich schon mal verliebt, aber es ist witzigerweise immer in die Hose gegangen. Ich war immer zweite Wahl, obwohl ich mich gar nicht so wahrnehme. Was soll ich machen, es hatten immer alle schon Freundinnen. Ich würde gern mit einem Mann zusammen sein wollen, aber es ist eben noch nicht passiert. Es kam noch nie einer, der sich hingestellt und gesagt hätte: »Ich zeig dir mal die große weite Welt.« Keine Ahnung, was da nicht hingehauen hat. Durch den Burnout habe ich viel darüber nachgedacht und herausgefunden, dass es auch in meiner Familie immer so war: Männer stören eher. Frauen kommen auch allein klar. Das muss ich irgendwie mit aufgesogen haben. Frauen können alles besser, und wenn du das immer hörst, dann stellt sich irgendwann die Frage: Warum brauche ich einen Mann? Ich hatte immer ein starkes soziales Umfeld, das ist ein bisschen meine Familie, wie ein Mutter- und Vaterersatz. Deswegen war ich nie allein. Aber jetzt merke ich schon, was eben nicht geht mit Freunden. Mit denen kannst du einfach keine Kinder haben.

Und das ist eine Erkenntnis, die mich jetzt sehr beschäftigt, denn früher habe ich mir darüber ja keine Gedanken machen müssen. Da habe ich einfach gedacht, dass sich das schon ergibt. Irgendwann.

Ich möchte auch nicht den ganzen Tag mit meiner Mutter zusammen sein.

Anne erzählt vom Mutterdasein in der westdeutschen Provinz

Anne, geboren in Berlin und aufwachsen an der Ostsee, hat eine Ausbildung zur Handelsfachwirtin gemacht und anschließend BWL studiert. Vor drei Jahren ist sie wegen ihres Mannes in den Westerwald gezogen. Sie lebt mit ihm und der gemeinsamen Tochter in einem Einfamilienhaus in einem kleinen Dorf mit tausend Einwohnern. Die beiden haben das Haus nach ihren Wünschen umgebaut. Auf dem Herd steht ein großer Topf mit Gulasch, auf dem Tisch ein Strauß selbstgepflückter Blumen. Während wir uns an einem Sonntag am großen Küchentisch unterhalten, arbeitet ihr Mann im Garten. Anne ist eine Frau, die einfach sagt, was sie denkt, und dabei sehr patent wirkt. Bisher war Anne immer auf dem Sprung – innerlich wie äußerlich. Und obwohl sie jetzt weit weg von ihrer Heimat wohnt, fühlt sie sich mit 35 zum ersten Mal im Leben richtig angekommen. Sie kann sich vorstellen zu bleiben – zumindest für eine Weile.

Mit Mitte 20 hätte ich mir nie vorstellen können, jemals im Westerwald zu wohnen. Ich wusste ja gar nicht, was das ist. Für mich hat Deutschland nach Berlin aufgehört. Das war schon Süddeutschland. Wir haben absolut keinen Bezug zu dem Gebiet. Aber was soll's. Man hat ja die Wahl. Wenn das nicht funktioniert, ziehen wir eben wieder zurück! Ich verstehe nicht, dass viele Leute so an bestimmten Wohn- und

Besitzsituationen hängen, dass sie sich nicht davon trennen können. Das wäre für mich schlimm. Auch bei der Arbeit – wenn ich wüsste, ich muss den Job noch zehn Jahre machen, wäre das schrecklich. Ich mache alles gern, wenn es sich ergibt. Und nicht weil ich etwas muss. Auf keinen Fall.

Jetzt bin ich seit drei Jahren hier in der Nähe von Montabaur. Ich nenne es das deutsche Outback, denn die meisten meiner Leute kennen diese Gegend genauso wenig wie ich sie vorher kannte. Wir sind hierher gezogen, weil mein Mann versetzt wurde. Er ist bei der Marine in Koblenz. Das ist für unsere Familie sehr gut, weil er nur im Büro arbeitet und auch mal Homeoffice machen kann und nicht mehr zur See muss. Und diesen Zustand bewerte ich jetzt mit dem Kind natürlich auch ganz anders als vorher. Er hat noch sieben Jahre, bevor er in den Vorruhestand gehen kann, und dann wird sich entscheiden, wann wir wieder zurückziehen.

Ich habe drei Väter: Meinen richtigen Vater, der ist wieder verheiratet und hat zwei Kinder. Mit ihm habe ich sehr viel Kontakt. Dann hat meine Mutter nach ihm noch mal geheiratet in Rostock, und mit diesem Vater bin ich groß geworden. Die beiden haben sich getrennt, als meine Mutter 50 Jahre alt geworden ist. Und dann gibt es noch ihre Jugendliebe aus Greifswald, meinen dritten Vater. Die beiden waren schon mal zusammen, als sie zwölf Jahre alt waren, und haben jetzt geheiratet.

Mein zweiter Vater, mit dem ich groß geworden bin, war selbstständig und hatte immer viel zu tun. Das fand ich aufregend. Diese Geschäftsevents, wenn sich Leute getroffen haben, und dann gabs was zu essen und alle standen rum und quatschten. Papa war immer beschäftigt, immer wichtig, und das fand ich ganz toll. Bis ich etwa 18 Jahre alt war, wollte ich immer Geschäftsfrau werden. Ich wollte auch ein ganz großes Auto fahren und eine Eigentumswohnung haben und unbedingt BWL studieren. Dann kam der Schulkontrast: Mathe zwei Punkte. Ich war ganz schlecht. In der 12. Klasse war ich nur noch pro forma anwesend. Ich hatte einfach gar keine Lust mehr. Mir war das alles zu blöd, ich wollte raus und arbeiten und nicht jeden Tag im Unterricht sitzen. Ich habe auch leider ganz viel geschwänzt und wäre fast nicht zum Abitur zugelassen worden. Zum Glück wussten meine Eltern das nicht. Aber ich konnte gut mit dem Direktor, wir hatten damals eine Umweltgruppe gegründet, und dafür haben wir einen Preis bekommen, und deshalb wurde ich dann doch zum Abitur zugelassen. Ich habe mich zwar trotzdem gefühlt wie jemand, der übers Wasser laufen kann, einfach weil ich das Abi geschafft hatte. Aber bei den Zensuren war klar, dass BWL nicht in Frage kommt.

Es gab zum Glück noch einen Ausbildungsplatz zum Handelsfachwirt in einer Betten- und Möbelwarenkette. Den habe ich bekommen, da war ich froh. Aber das war die schwerste Zeit meines Lebens. Das war körperlich und psychisch sehr anstrengend, denn ich wurde sofort stellvertretende Filialleiterin und meine Filialleitung ist dann leider auch noch gestorben. Da war ich gerade mal ein Jahr da und hatte mit 19 den ganzen Laden an der Backe. Das ganze Unternehmen ist sehr menschenunfreundlich aufgestellt, und mir war klar, dass ich weg bin, wenn ich die drei Jahre hinter mir habe. Und da wurde mir bewusst, dass ich niemals Geschäftsfrau werden möchte. Ich möchte auf gar keinen Fall Menschen entlassen müssen mit fadenscheinigen Argumenten, ich möchte keine Personalpolitik verfolgen, mit der du nur Gewinn machen kannst, wenn du an den Personalkosten sparst. Das hat mir einfach gar nicht gepasst. Aber das Gute an der Ausbildung war, dass ich total viel für mich gelernt habe. Zum einen habe ich meinen Platz in der Gesellschaft gefunden. Der war in der untersten Reihe, und das war auch richtig so, weil ich bis dahin einfach nichts geleistet hatte. Wie konnte ich nur auf die Idee kommen, dass ich mit einem Abitur etwas Tolles vollbracht hätte. In dem Alter habe ich bestimmte Berufsgruppen wie KFZ-Mechaniker oder Verkäuferin gar nicht wahrgenommen. Und das sind sehr anstrengende und anspruchsvolle Berufe. Da hat sich das komplette Weltbild für mich geändert.

Dann hatte ich mich auch noch von meinem Freund getrennt. Das war so richtig schlimm für mich. Er war auch bei der Marine, und das war das erste Jahr, in dem auch Frauen mit zur See gefahren sind, und da lief gleich was. Ich wusste das sofort, als ich die beiden gesehen habe, aber die wollten es mir nicht sagen, und ich war sehr gekränkt, weil er so unehrlich zu mir gewesen war. Das Kapitel war damit für mich erledigt. Danach bin ich nach Stralsund gegangen, und das war wie so ein Befreiungsschlag. Und da war das auch schon so wie bei dem letzten Umzug in den Westerwald. Alle haben gefragt: »Was willst du denn bitte in Stralsund?« Ich konnte das auch nicht genau sagen, aber ich musste einfach woanders hin. Und das war sehr gut. Ich habe dort wirklich noch BWL studiert, und das hat auch sehr gut geklappt. In der Regelstudienzeit, trotz Mathe. Ich war selbst ganz erstaunt, aber ich wusste durch die Ausbildung einfach, worauf es ankommt.

Als das Studium zu Ende ging, wusste ich nicht, was ich machen will. Ich wusste nur, dass ein paar Dinge wegfallen: Großes Auto, viel Geld verdienen – das wollte ich alles überhaupt nicht mehr. Das war für mich durch diese Ausbildung total nach hinten gerückt, und als ich die Leute gesehen habe, die auf diesem Karrieretrip waren, wurde mir total übel. Alle haben sich beworben, und ich habe mich eben gar nicht beworben. Mir war nur wichtig, mein Studium zu schaffen. Das war die Priorität. Danach kam mein Professor und erzählte mir, dass eine Stelle ausgeschrieben wird im Hochschulmarketing, und hat mich ermutigt, mich da zu bewerben. Das hat geklappt, und ich konnte nahtlos an der Hochschule bleiben. Da war ich 26 Jahre alt.

Viele sagen, mein Weg hätte viel mit Glück zu tun. Das stimmt sicher, aber ich mag das gar nicht. Da krieg ich echt 'nen Hals. Meine Mutter sagt das öfter, und dann antworte ich immer: »Moment mal, ich hab doch auch etwas dafür getan!« Oft haben sich die Dinge scheinbar so ergeben. Ich wusste nicht, warum sie sich so fügen und warum ich mich auf mich verlassen kann. Ich habe ein Urvertrauen in mich und wollte auf gar keinen Fall, dass mir die Leute reinreden. Und ich hasse es, mich dafür zu rechtfertigen. Die Leute wollen immer Argumente und Fakten, die belegen, warum du dieses Gefühl hast. Aber ich habe eben so ein Gefühl für bestimmte Sachen.

Mein Selbstbewusstsein als Frau hat sich erst entwickelt, als ich mit meinem jetzigen Mann zusammengekommen bin. Er ist zwölf Jahre älter als ich. Wir haben uns kennengelernt, da war ich 23. Vorher war ich immer nur viel zu groß. Nur im Leistungssport war meine Größe vorteilhaft. Ich habe Leichtathletik gemacht, und da habe ich mich mit meiner Größe wohlgefühlt. Mein Mann hat immer gesagt: »Das ist doch schön, dass du so groß bist.« Und ich bin immer besser mit mir klargekommen, je älter ich wurde.

Vor etwa vier Jahren waren wir in einer schwierigen Situation. Mein Mann hatte einen Burnout, war lange krankgeschrieben, und es kristallisierte sich heraus, dass er eine Depression hat. Ich konnte da natürlich nichts machen, und es war schwer damit umzugehen. Als dann sein Nervenzusammenbruch kam, war ich total froh, dass alles rausgekommen ist aus ihm. Das ist zum Glück auf der Arbeit passiert. Da wird man ja sofort versorgt, und es kümmern sich erst mal andere Leute. Und dann war klar, dass er versetzt wird und sich Stralsund langsam verabschiedet. Wir konnten uns aussuchen, ob wir nach Wilhelmshaven oder nach Koblenz gehen wollen. Wilhelmshaven wollten wir beide nicht. Also war klar: Wir ziehen nach Koblenz. Wir hatten ja nichts zu verlieren. Im schlimmsten Fall wären wir nach drei Jahren wieder zurückgezogen. Und ich dachte ja, dass das auch für ihn eine Chance wäre, noch mal was ganz anderes auszuprobieren. Und ich wollte auch was Neues anfangen und hatte Lust auf dieses Abenteuer. Ich bin da eh total euphorisch und denke immer erst wenn ich den Umzugswagen sehe: »Oh mein Gott, was hast du nur gemacht?« Aber dann ist es zu spät, und das ist auch gut so. Die Entscheidung für dieses Dorf war eine Sache der Suchmaschine. Der Umkreis hat gestimmt, das war alles. Wenn ich mir hier drei Tage die Gegend angeguckt hätte, wäre mir der Umzug noch schwerer gefallen. Für andere ist das schwer nachvollziehbar, dieses Spontane, aber für uns war das ganz normal.

Das Kind war geplant. Wir hatten vor zehn Jahren ein Gespräch, da habe ich meinen Mann gefragt, ob er mal Kinder haben will. Ich war mir nicht sicher, denn ich hatte nie die Vorstellung, dass ich heiraten will und Kinder haben möchte. In unserer Familie liegt die Scheidungsrate bei fast 100 Prozent, seit meiner Uroma. Heiraten war für mich sehr abwegig, aber ich wusste, dass ich irgendwann gern ein Kind haben möchte. Wenn er keine Kinder gewollt hätte, wären wir nicht zusammengeblieben, das wäre für mich verschwendete Zeit gewesen. Er hat dann zwangsläufig Ja gesagt. Als wir hergezogen sind, habe ich ihn noch mal gefragt: »Wenn wir ein Kind wollen, müssten wir ja auch mal anfangen.« Er war einverstanden, und dann ging das alles sehr schnell. Ich war quasi gleich schwanger, dann kam unsere Tochter auf die Welt. Am Anfang fand ich es total abwegig, dass Menschen überhaupt mehrere Kinder haben wollen. Aber darüber wollte hier niemand mit mir sprechen. Die meisten tun immer so, als wäre dieses Mutterdasein ganz toll, aber das stimmt einfach nicht.

Ich bin im ersten halben Jahr sehr an meine Grenzen gekommen und würde sagen, dass ich zum ersten Mal in meinem Leben in meiner Tochter meinen Meister gefunden habe. Mittlerweile könnte ich mir durchaus vorstellen, dass wir ein zweites Kind schaffen. Denn jetzt weiß ich ja, worauf ich mich einlasse. Aber mein Mann will auf keinen Fall ein zweites Kind. Das war schon immer klar. Und ich kann mich damit arrangieren. Und irgendwann, denke ich, holen wir uns wieder einen Hund.

Das Mutterbild ist hier definitiv anders als in den neuen Bundesländern. Es gibt kaum Kinderkrippen. Die meisten Kindergärten sind erst ab drei Jahren und dann auch nur halbtags. Als ich gesagt habe, dass ich nach einem Jahr wieder arbeiten will, war das schon hart für die meisten hier. Dafür gibt es wenig Akzeptanz. Mein Mann holt unsere Tochter nachmittags ab, so kann ich länger arbeiten. Das ist ja für viele schon eine Vorstellung, die nicht in Frage kommt. Schon gar nicht, dass man als Mutter Vollzeit arbeitet. Jetzt habe ich auch noch eine leitende Funktion. Ich muss also die volle Stundenzahl nehmen und möchte das auch, weil mir meine Arbeit sehr viel Spaß macht. Aber das können die wenigsten verstehen. Selbst auf der Arbeit gibt es Diskussionen. Viele sagen: »Man kriegt doch kein Kind, um es abzugeben!«, und dann sage ich, dass Kinder immer schon von der Gemeinschaft groß gezogen wurden. Vor hundert Jahren war ja eine Mutter nie mit ihrem Kind den ganzen Tag zusammen. Wer möchte das denn auch? Also ich verstehe mich mit meiner Mutter wirklich sehr gut, aber es wäre doch furchtbar, wenn ich den ganzen Tag mit meiner Mutter zusammen sein müsste. Ich möchte das nicht. Und das möchte meine Tochter auch nicht. Sie möchte ihre kleinen Leute haben, ihre eigenen Freunde. Was die ihr bieten, kann ich ihr gar nicht geben.

Ich mache jetzt die Dinge so, wie ich sie für richtig halte. Gerade auch beruflich. Ich habe nicht unendlich viel Zeit für die Arbeit und möchte mir sie auch nicht nehmen. Und es fällt mir mittlerweile sehr viel leichter, auch mit Stress umzugehen. Vieles stresst mich aber auch nicht mehr so wie früher. Wenn überhaupt. Also kann ich das oft auch einfach links liegen lassen. Das hat ganz sicher etwas damit zu tun, dass ich jetzt so alt bin. Auch, weil dadurch die Prioritäten anders gesetzt sind. Und da bin ich total froh drüber. Denn ich war früher total ordentlich zum Beispiel. Da war ich richtig spießig. Da hab ich tausendmal gesaugt und sauber gemacht. Und das hat mich selbst gestresst, dass ich als Erstes immer sauber gemacht habe. Mein Mann hat mich immer gefragt, was das soll. Das hat sich erst mit dem Kind geändert. Das Kind hat mich so in Beschlag genommen, dass ich wirklich die Prioritäten komplett anders setzen musste. Ich hatte zum Beispiel mal kurz zehn Minuten meine Ruhe, weil das Kind geschlafen hat. Und dann mach ich sauber? Ich meine: hallo? Und es hat wirklich lange gedauert, bis ich geschnallt habe, dass ich jetzt einen Kaffee trinken kann oder mich einfach mal hinsetzen darf. Da musste ich wirklich komplett umdenken, und das war mir vorher überhaupt nicht bewusst. Das interessiert doch niemanden, ob das alles super gesaugt ist. Mich interessiert das ja auch nicht, wenn ich woanders bin.

Jetzt mit 35 Jahren bin ich grundzufrieden mit meinem Leben. Ich habe die Dinge erledigt, die ich erledigen wollte. Ich hatte dafür zwar kein Alter im Kopf, aber das ist jetzt der Zeitpunkt, an dem das so ist. Da gehört das Kind auch dazu, aber das bedeutet für mich trotzdem nicht alles. Ich wollte nie ein Kind haben, um komplett zu sein. Ich finde das nicht okay, einem so kleinen Menschen eine so große Verantwortung aufzuerlegen. Ich will, dass meine Tochter auf der Welt ist, weil sie eben sie ist. Wir wollen sie gern in den Dingen unterstützen, die sie machen möchte, aber ich habe keine Vorstellung davon, wie sie sich entwickeln soll. Sie war das I-Tüpfelchen, würde ich sagen. Sie hat die Sache rund gemacht. Denn jetzt gibt es erst mal gar nichts, was mir fehlt oder was ich noch unbedingt machen muss. Und das erleichtert mich. Denn es gab viele Jahre, in denen ich dachte, ich müsste noch viel mehr schaffen. Und das ist für mich ein neues Gefühl. Dieses Ausgelastetsein durch Familie und Arbeit. Das gibt mir ganz viel Sicherheit, damit bin ich glücklich. Vorher war ich so rastlos und dachte immer, ich müsste ganz viele Dinge noch tun, mehr Bücher lesen, diese und jene Weiterbildung machen. Nicht um beruflich weiterzukommen, sondern weil mich die Dinge eben interessieren. Und das habe ich gerade gar nicht. Das ist einfach schön.

Ich renne oft herum wie Falschgeld.

Martina, Altenpflegerin, über den Alltag zwischen zwei Kindern, Schichtdienst und Baustelle

Martina, geboren in Wittenberg, lebt heute in einem kleinen Dorf in Thüringen an der Grenze zu Bayern. Sie ist in einem Altenheim aufgewachsen und arbeitet selbst als Altenpflegerin im Schichtdienst. Sie ist verheiratet, hat zwei Kinder und lebt mit ihren Schwiegereltern unter einem Dach. In dem Haus steht die Tür offen, denn die Handwerker sind da. Die untere Etage wird seit Jahren umgebaut, damit die Eltern später einmal keine Treppen mehr steigen müssen. Der Baulärm ist auch auf der Terrasse zu hören, auf der wir unter einem großen bunten Sonnenschirm sitzen und Saftschorle trinken. Während unseres Gespräches kommen zwei Mal die beiden Jungs an den Tisch und wollen sehen, was »die Mama macht«. Martina weiß es selbst nicht so genau. Sie ist unsicher, ob sie überhaupt etwas zu sagen hat. Als wir uns nach dem Gespräch verabschieden, ist sie überrascht, wie viel sie geredet hat. Martina ist die Hauptverdienerin in der Familie. Nebenbei ist sie aber auch noch Mutter, Ehefrau und Schwiegertochter. Ihr Alltag muss streng durchorganisiert sein, damit er zu schaffen ist. Und jetzt mit 35 Jahren fühlt sich ihre Arbeit als Altenpflegerin auch körperlich so anstrengend an, dass sie dringend eine neue Stelle sucht.

Wir haben uns über die Tageszeitung kennengelernt, mein Mann und ich. Er hatte eine Annonce aufgegeben, und ich mochte seinen Text. Der war ein bisschen anders. Ich weiß es nicht mehr ganz genau, aber da stand so was wie »Herbstzeit: Kuschelzeit«. Und es war Herbst, und das fand ich ansprechend. Ich habe damals eigentlich nicht direkt gesucht, aber trotzdem habe ich immer mal geguckt. Seine ersten Worte am Telefon waren »deine Stimme klingt süß«, und dann war das eben so. Ich habe damals meine Altenpfleger-Ausbildung gemacht, und wenn ich frei hatte, bin ich zu ihm gefahren. Wir haben uns ein halbes Jahr besucht, dann war ich mit der Ausbildung fertig und bin gleich zu ihm aufs Dorf gezogen. Als ich 24 war, haben wir geheiratet. Ich habe meine Kinder in einem idealen Alter bekommen. Den Großen habe ich mit 27 bekommen, den Kleinen mit 29.

Ursprünglich wollte ich die Altenpflege nur als Sprungbrett nutzen. Ich habe das Fachabitur gemacht und wollte eigentlich Sozialpädagogik studieren. Für mich war klar, dass ich in der sozialen Branche arbeiten will. Ich wollte mit Menschen arbeiten. Als Kind habe ich meistens Erzieherin gespielt. Und das war auch mein Berufswunsch. Aber die Ausbildung zur Erzieherin hätte insgesamt zu lange gedauert – fünf Jahre – und davon hätte ich vier Jahre kein Geld verdient, und deshalb habe ich das nicht gemacht. Mein Mann ist gelernter Tischler und hat dann nochmal ein Studium angefangen. Dann kamen die Kinder, und einer muss ja das Geld verdienen. Also bin ich arbeiten gegangen, und er ist daheim geblieben. Ich habe einfach mehr verdient. Dann hat er kein Bafög mehr bekommen und musste mit dem Studium aufhören. Und jetzt arbeitet er als Hausmeister und ich weiterhin als Altenpflegerin. Aber ursprünglich hätte ich sehr gern studiert.

Seit fünf Jahren wohnen wir jetzt hier. Vorher haben wir in Hof gewohnt, das war für mich einfacher wegen der Fahrerei zur Arbeit. Aber dort war mein Mann zu Hause, und er sollte auch wieder arbeiten gehen, und weil das mit den

Kindern nicht gegangen wäre, sind wir zu meinen Schwiegereltern aufs Dorf gezogen. Seitdem muss ich jeden Tag 43 Kilometer pro Strecke zur Arbeit fahren. Das ist ziemlich aufwendig. Ich könnte zwar auch hier in der Gegend arbeiten, aber im Osten würde ich wesentlich weniger verdienen. Das ist ein großer Unterschied zwischen Ost und West. Immer noch.

Mein Job ist sehr anstrengend. Das merke ich natürlich nicht erst, seitdem ich Mitte 30 bin, aber jetzt kommt noch dazu, dass sich in den letzten Jahren sehr viel verändert hat. Wir sind jetzt nur noch zu dritt auf einer Station und hier für 25 Leute zuständig. Als ich vor 13 Jahren angefangen habe, waren wir noch zu fünft. Das ist schon hart. Oft duschen wir jetzt nur noch, weil wir es zeitlich gar nicht mehr schaffen, die Leute zu baden. Ich bin verantwortlich für die Grundpflege. Das heißt: waschen, mobilisieren. Am Morgen müssen die Leute fertig gemacht werden. Toilettengänge, Anziehen. Die meisten gehen in den Speisesaal essen. Die müssen dann zu einer bestimmten Zeit auch da sitzen. Man ist mit den Letzten noch nicht fertig, müssen die Ersten schon wieder aufs Klo. Dann gibt es Friseurtermine, Arzttermine, dann müssen Transporte organisiert werden. Oder es geht mal jemandem schlecht. Das ist ja auch nicht mit einkalkuliert. Dann muss man einen Arzt holen oder eben den Rettungswagen. Da herrscht absoluter Zeitmangel. Du kannst dich gar nicht richtig um die Leute kümmern, denn wenn du gerade beim einen bist, bist du mit den Gedanken schon wieder beim Nächsten. Die Zeit sitzt dir permanent im Nacken. Früher hat mir meine Arbeit viel Spaß gemacht. Mittlerweile ist das nicht mehr so. Ich mache meine Dinge gern gewissenhaft und ordentlich, so gut es eben geht. Denn wenn ich alt bin, möchte ich auch mal gut gepflegt werden. Aber das gibt die

Zeit gar nicht her. Ich renne oft herum wie Falschgeld, und das ist nicht schön.

Unser Alltag wird immer von meinen Dienstzeiten bestimmt. Mein Mann und ich sehen uns nicht so viel. Wir kommunizieren oft mit Zetteln. Da schreibe ich auf, was er machen muss. Ich mache viel, was die Kinder und den Haushalt angeht, und mein Mann ist neben seiner Arbeit mit der Baustelle beschäftigt. Das hat höchste Priorität momentan. Mein Mann geht jeden Tag kurz vor sieben aus dem Haus. Dann braucht er früh erst mal Zeit, um in die Gänge zu kommen. Wenn ich Frühschicht habe, komme ich um vier heim. Dann sind die Kinder da. Zum Glück sind sie jetzt schon ein bisschen selbstständiger. Sie können auch mal allein auf den Spielplatz gehen. Ich gucke dann das ganze Schulzeug durch, bereite alles für den nächsten Tag vor. Später mache ich das Abendbrot, und dann gucken sie noch irgendwas Kleines und um acht spätestens gehen sie ins Bett und dann habe ich es geschafft. Wenn ich Frühdienst habe, gehe ich auch um acht ins Bett, weil ich 4:15 Uhr wieder aufstehen muss. Wenn ich Spätdienst habe, kümmert sich mein Mann am Nachmittag um die Kinder, wenn er von der Arbeit nach Hause kommt.

Ich hatte eigentlich den Wunsch, noch ein drittes Kind zu bekommen. Ich hätte gern noch ein Mädchen. Aber ich würde das zeitlich nicht schaffen und auch von den Nerven her wäre das schwer. Und ich denke, auch finanziell wäre es kompliziert. Als der Kleine geboren wurde, war das für mich eine verdammt harte Zeit, weil ich ja sofort wieder arbeiten gehen musste. Und trotzdem bin ich in der Nacht aufgestanden, denn mein Mann hat geschlafen wie ein Murmeltier. Und ehe der reagiert hätte! Mir ging das so auf den Keks, wenn das Kind gebrüllt hat, dass ich eben aufgestanden bin und das Fläschchen gegeben habe. Danach dann aber auch noch zum Frühdienst zu gehen, das war wirklich verdammt hart. Das war das härteste Jahr insgesamt. Da klingt der Wunsch nach einem dritten Kind natürlich ein bisschen komisch. Aber ich selbst habe zwei ältere Brüder, und deshalb hätte ich eben noch gern ein Mädchen gehabt. Aber mein Verstand sagt mir, dass das nicht gut wäre. Auch für die Jungs wäre das nicht gut. Denn ich denke, wir würden ein Mädchen ziemlich verhätscheln. Ich bin ja auch wie ein Einzelkind aufgewachsen. Meine Brüder waren acht und zehn Jahre älter als ich. Und ich bin von meinem Vater ziemlich verwöhnt worden.

Ich bin quasi im Altenheim groß geworden, deshalb bin ich auch zur Altenpflege gekommen. Mein Vater war zu DDR-Zeiten in Weimar als Heimleiter tätig, und da haben wir auch gewohnt, direkt über dem Altenheim. Für mich waren die Omas wie meine eigene Oma. Mein Vater hat da gearbeitet, meine Mutter auch, und der Alltag im Heim war für mich gang und gäbe. Um in unsere Wohnung zu kommen, bin ich durchs Heim gelaufen. Das war normal. Die Omis haben sich immer darüber gefreut, dass da ein Kind war. Zu DDR-Zeiten war das auch ganz anders in so einem Heim. Da gab es nicht so viel Hilfsmittel oder Therapien. Allein die ganze Inko-Ware, die es jetzt gibt, also die Windeln für Erwachsene, die gab es ja damals nicht. Da hat man noch ausgekocht. Das war eine ganz andere Zeit.

Der Umzug in das Heimatdorf meines Mannes war für mich okay. Ich merke zwar, dass ich schon noch an Weimar hänge, aber ich habe mich für diesen Mann und diesen Ort entschieden. Wir wohnen mit den Schwiegereltern in einem Haus. Anders würde es nicht gehen. Natürlich muss man in einem Drei-Generationen-Haus viele Kompromisse machen. Das ist so. Entweder man ordnet sich unter, oder man muss eben darüber reden, wenn es etwas gibt, was einem überhaupt nicht passt. Aber das ist normal und würde auch mit meinen eigenen Eltern nicht anders funktionieren. Jung und Alt haben generell unterschiedliche Ansichten, das ist so. Aber das hat auch viele Vorteile. Sowohl für meine Schwiegereltern, wenn sie mal älter sind, als auch für uns jetzt mit den Kindern. Und natürlich teilen wir uns auch gewisse Kosten, das ist auch sehr gut. Wir sehen uns jeden Tag, sie kümmern sich um die Kinder, wir essen am Wochenende immer gemeinsam, und unter der Woche kocht meine Schwiegermutter auch mittags für mich mit. Das ist toll, denn wenn ich auch noch kochen müsste, wäre das alles schwieriger. Ohne die Großeltern würde es definitiv nicht gehen, wir sind richtig auf sie angewiesen. Ohne sie könnte ich nicht im Schichtdienst arbeiten.

Wir bauen das Haus Schritt für Schritt um, damit sie später im Erdgeschoss wohnen können. Wir haben keinen Kredit aufgenommen, um das alles im Blick zu behalten. Wir brauchen jetzt Geduld, das ist manchmal nicht einfach, und ich finde es überhaupt nicht schön, auf der Baustelle zu leben. Aber gut, das ist eben so. Das sind gerade harte Jahre. Der anstrengende Job, die beiden Kinder, der Umbau. Das ist noch richtig viel Arbeit. Alles gut unter einen Hut zu bekommen, ist für mich wirklich stressig. Ich habe keine Freizeit. Es ist sehr selten, dass ich mal ein paar Stunden für mich habe. Denn wenn ich frei habe, versuche ich meinen Haushalt auf Vordermann zu bringen. Ich habe haufenweise Wäsche, die einfach liegen bleibt, wenn ich Frühdienst habe. Gerade das Raushängen funktioniert dann nicht. Wenn ich Spätdienst habe, schaffe ich mehr im Haushalt, sehe aber meine Kinder fast gar nicht. Das ist dann auch wieder blöd. Ich arbeite mich von Tag zu Tag. Ich habe einen Kalender, da stehen die Dienste drin und da mache ich jeden Tag ein Häkchen hin. So arbeite ich mich immer vor zu FREI. Aber wenn ich frei habe, ist die Zeit meistens auch sehr voll. Da macht man eben mal Arzttermine aus oder man putzt oder macht die Wäsche oder man nimmt sich mal ein bisschen mehr Zeit für die Kinder. Denn das läuft ja oft so nebenher.

Im Moment habe ich großes Fernweh und würde so gern mal wieder ins Ausland fahren. Dieses Jahr hat das kurz geklappt. Mein Mann und ich waren in Österreich, das ist ja auch Ausland. Wir fahren rund um den Hochzeitstag immer drei, vier Tage ohne Kinder weg. Das war schon ein tolles Gefühl nach so langer Zeit, mal weiter weg zu fahren. Die Urlaube sind für mich die absoluten Highlights. Mit den Kindern machen wir nur Urlaub in Deutschland. Dieses Jahr waren wir an der Ostsee, in Warnemünde. Ich war da als Kind auch oft, denn meine Großeltern haben in Rostock gewohnt. Deshalb bin ich mit meinen Eltern dorthin gefahren. Das war für mich meine zweite Heimat. Das habe ich auch jetzt wieder im Urlaub gemerkt. Wir haben uns einen Strandkorb gemietet, die Kinder haben gebuddelt, und wir haben die Schiffe angeguckt, wie sie rein- und rausgefahren sind. Das war schön. Wenn Geld und Zeit egal wären, würde ich gern mal nach Norwegen fahren. Mein Mann und ich haben uns als Ziel gesetzt, wenn wir in 14 Jahren Silberhochzeit haben, keine große Feier zu machen, sondern uns eine Kreuzfahrt nach Norwegen zu gönnen. Ich möchte so gerne die Fjorde sehen. Aber Norwegen ist sehr, sehr teuer. Das ist ein schönes Ziel, aber es ist eben ein Fernziel.

Ich habe es bisher immer wieder aufgeschoben, aber jetzt mit Mitte 30 muss ich mich wirklich um einen neuen Job kümmern. Denn je älter ich werde, desto schwerer wird es auch in einen anderen Bereich reinzukommen. Ich würde gern mit Behinderten arbeiten. Dafür habe ich mich jetzt auch beworben hier im Umkreis. Denn die haben einen anderen Pflegeschlüssel, und da kann man anders mit den Menschen umgehen. Wenn das klappen sollte, wäre das für mich eine Chance, das Geld für die Familie ein bisschen leichter zu verdienen. Als Altenpflegerin zu arbeiten, bis ich 67 Jahre alt bin, kann ich mir jetzt definitiv nicht mehr vorstellen. Das schaffe ich nicht. Da muss man realistisch sein. Zum Studieren fühle ich mich jetzt aber zu alt. Das schaffe ich auch nicht. Das ist das Einzige, wo ich denke: Schade, dass das nicht geklappt hat. Aber manche Träume erfüllen sich eben nicht. Dafür habe ich zwei gesunde Kinder, für die ich sehr dankbar bin. Das ist das größte Geschenk.

Ich wusste nicht, was es bedeutet, wenn jemand stirbt.

Lia, Stadtführerin in Marseille, hat ihre Schwester
verloren und den Mann fürs Leben gefunden

*Lia ist eine attraktive Frau mit blondem, schulterlangem Haar.
Sie trägt gern bunte Kleider und wirkt eher wie ein schutz-
bedürftiges Mädchen. Doch innerlich, sagt sie, fühlt sie sich wie
ein Mann. Große Schnauze, launisch, schwierig. Sie kommt ursprünglich aus Berlin, doch ihre Wahlheimat ist Marseille. Sie
hat dort studiert und lebt von verschiedenen Jobs. Lange Zeit
hatte sie wechselnde Liebesbeziehungen. Mit 35 hat sie ihre
große Liebe gefunden. Im selben Jahr ist ihre jüngere Schwester
gestorben. Ihr Tod hat sie sehr mitgenommen.*

Im April ist meine Schwester gestorben. Sie ist in der Nacht
erstickt. Sie hatte Bronchitis. Ich war nicht dabei. Meine
Mutter hat mir Nachrichten geschrieben, aber nachts mache
ich das Handy aus. Am Morgen hat mich dann mein Vater
angerufen. Ich habe erst nach ihrem Tod gemerkt, dass es
ein Teil meiner Identität ist, die große Schwester einer behinderten Schwester zu sein. Behindert – das war immer ihr
Attribut. Das finde ich im Nachhinein komisch, weil ich Fotos von ihr zusammengesammelt habe und da ganz schöne
Momente zusammengekommen sind. Sie war ja auch eine
junge Frau, die an verschiedenen Orten der Welt gewesen ist
und ihre Wünsche und ihre Träume hatte.

Es gab dann eine Beerdigungsfeier, da bin ich hingefahren. Ich wollte meine Mutter unterstützen, aber sie war sehr

aggressiv. Sie hat mir lange Zeit ein schlechtes Gewissen gemacht, weil ich so wenig nach Berlin gekommen bin. Der Tod meiner Schwester war ein großer Wendepunkt im Familiengeflecht. Beziehungen haben sich verändert. Es ist ein Platz frei geworden, und gleichzeitig kämpfe ich gegen depressive Phasen. Diese Traurigkeit ist so diffus. Man weiß gar nicht genau, was man hat. Da schwebt etwas wie ein Schleier über mir, und ich weiß nicht, was los ist. Ich habe noch nie einen so engen Menschen verloren. Ich wusste gar nicht, was es bedeutet, wenn jemand stirbt.

Solange sie gelebt hat, hatte ich ein schlechtes Gewissen. Nach ihrem Tod habe ich erst anhand der Fotos gesehen, was ich alles mit ihr gemacht habe. Ich habe schon als Kind eine Mutterrolle übernommen. Deshalb würde ich sagen, dass ich mein Leben rückwärts gelebt habe. Im ersten Viertel meines Lebens habe ich mich sehr viel um meine Familie gekümmert. Ich musste schon von klein auf viel Verantwortung übernehmen. Meine Mutter hat mich eher als Freundin behandelt, und ich habe mich sehr viel um meine Schwester gekümmert. Ich habe auf sie aufgepasst, habe sie gefördert, sie verteidigt und mit ihr auch extreme Situationen durchgestanden. Dadurch bin ich sehr tolerant geworden gegenüber allem, was anders ist. Ich habe gelernt, dass man eine Grenze immer verschieben oder überwinden kann. Denn gerade mit einem behinderten Menschen scheinen am Anfang viele Grenzen unüberwindlich. Die Ärzte sagten, sie würde weder sprechen noch laufen können. Und dann gab es doch Mittel und Wege. Sie hat gelernt zu sprechen und zu laufen. Wir haben um alles gekämpft. Das habe ich sehr lange in meinem Leben gemacht, aber irgendwann habe ich damit aufgehört. Manchmal sind einfach Grenzen da, die man nicht überwinden kann, die eventuell einen Sinn haben.

Als sie gestorben ist, war das erst mal eine Erleichterung,

weil sie nicht mehr leiden muss. Seit einem halben Jahr hatte sie schwere Schmerzen, konnte nicht mehr aus dem Bett aufstehen und ich konnte sie nicht besuchen, weil meine Mutter sie wie ein Höllenhund bewacht hat. Wenn ich meine Schwester sehen wollte, musste ich immer an meiner Mutter vorbei, und die hatte eben noch andere Rechnungen mit mir zu begleichen. Da ging es viel um Erwartungen, dass ich mich um meine Mutter kümmere und ihr Aufmerksamkeit schenke. Ich musste mir immer erst mal eine Stunde lang ihren Ärger anhören, um dann Zeit mit meiner Schwester verbringen zu können. Es war deshalb auch eine Erleichterung, weil meine Schwester meiner Mutter nicht mehr so ausgesetzt ist und ich zu meiner Mutter keinen Kontakt mehr haben muss, wenn ich das nicht will.

Nach dem Abitur bin ich weggezogen, weil ich mich von der Familie befreien musste. Wenn ich in Berlin geblieben wäre, hätten mich meine Mutter und Oma permanent eingefordert und ich hätte mich nicht weiterentwickeln können. Deswegen bin ich sehr weit weggegangen. Nach Frankreich. Erst nach Straßburg und in andere Städte, und schließlich bin ich hier gelandet, in Marseille. Hier lebe ich inzwischen seit etwa acht Jahren und fühle mich einfach zu Hause. Marseille ist mein Platz. Hier gehöre ich hin.

Ich habe mehrere Jobs. Ich unterrichte Deutsch, ich mache Stadtführungen und seit drei Jahren arbeite ich für ein Kulturinstitut in Tunis. Da fahre ich immer für ein, zwei Monate am Stück hin und gebe Schulungen zum Kulturmanagement. Die Arbeit war ein Wendepunkt, weil ich mich zum ersten Mal nicht mehr wie eine Studentin gefühlt habe. Vorher hatte ich nie Geld, immer nur für kurze Zeit einen Job, nie irgendwo Fuß gefasst, war ständig Anfängerin. Plötzlich war ich dort auch in so High-Society-Kreisen, in denen ich sonst nie bin. Da stand ich auf einmal beim Sektempfang und war plötzlich das Institut, so nach dem Motto: Das ist Frau Kultur. Und auf einmal bin ich in der Geberposition und das Verhältnis wird hierarchisch, und ich muss tierisch aufpassen, was ich da mache und wem ich was sage. Jetzt im dritten Jahr habe ich langsam Abstand dazu gewonnen. Ich schwimme nicht mehr so wie am Anfang, sondern merke: Ich bin kompetent und meine Unsicherheiten sind harmlos. Die anderen tun auch nur so, als ob sie es irgendwie hinkriegen, dabei bin ich eigentlich diejenige, die den Durchblick hat.

Es ist wie ein Doppelleben. Ich habe eine ganz andere Identität in Tunis als in Marseille. Wenn ich nach Tunis fahre, werden mir die Unterkunft und der Flug dorthin bezahlt. Ich miete mir eine Wohnung mitten im Stadtzentrum, mit einer großen Terrasse und vielen Pflanzen. Ich könnte auch im Hotel wohnen, wenn ich das wollte, oder eine Putzfrau engagieren. Dort gibt es noch ein System mit vielen Bediensteten. Aber das möchte ich nicht. Ich ziehe mich in Tunis auch ganz anders an, neuerdings trage ich sogar weiße Hosen, das finde ich schon ziemlich schrecklich. Und dann so ein Oberteil und lange Kette drüber oder auch mal ein Tuch und Absatzschuhe. Also mehr Kulturinstitut. Schon ein bisschen schicker, und es passt einfach zu meiner Rolle.

Und dann komme ich zurück nach Marseille und könnte mich hier genauso gut beraten lassen. In Tunis bin ich diejenige, die anderen zeigt, wie man Projekte managt. In Marseille wohne ich wieder in meinem 25-Quadratmeter-Appartment mit Außenklo und wunderbarer Aussicht. Ich mache meine Stadtführungen, müsste meine Marketingstrategie überdenken und jemanden anstellen, der meine Internetseite macht und meine Visitenkarten druckt und Subventionen oder Sponsoring beantragt usw. Aber das mache ich alles gar nicht. Es läuft anders, aber es läuft, und ich laufe in meinen bunten Kleidchen rum und fühle mich wie so eine Studentin, die versucht, über die Runden zu kommen. Ich habe meine Schlendrian-Tage, die ich genieße und die auch zu meiner Arbeit dazugehören, weil ich im Café viele meiner Bekannten treffe.

Ich fühle mich in Marseille viel freier. Das Stadtbild in Tunis ist einfach sehr männerlastig, und sosehr ich da mein Ding mache, fühle ich mich eingeschränkt, weil die ganzen Männer dort in den Cafés sitzen und die Frauen sieht man auch, aber ich bin da so exotisch, und in Marseille bin ich das nicht. In Tunis ist es schon so, wenn die Arme frei sind und die Schultern viel Haut zeigen, zieht das die Blicke auf sich. Die Tunesierinnen bedecken ihre Beine, selbst wenn es eine knallenge sexy Jeans ist. Ich gehe schnell, ich schaue geradeaus und signalisiere: Ich arbeite hier. Ich bin keine Touristin, die alles bewundert. Immer wenn ich Besuch habe, werden wir angesprochen. Allein werde ich nie angesprochen. Nie. Ich bin auch niemand, der ein Risiko eingeht, aber ich habe mich auch schon in Männercafés gesetzt, in denen sich nie einheimische Frauen hinsetzen würden. Und da passiert gar nichts, ich spüre eher Respekt. Als blonde Frau mit westlichem Lebensstil habe ich mich noch nicht kritisiert gefühlt. Und es ist auch nicht so, dass ich befürchten muss, angegriffen zu werden.

Ich hätte schon gern ein eigenes Kind mit meinem Freund, weil es bedeutet, dass ich mit dem Mann meines Lebens wirklich verschmelze und es natürlich schön ist, zu sehen, was dabei herauskommt. Aber mein Freund will kein alter Vater sein. Er ist Anfang 40. Und in dem Sinne hat sich die Sache sowieso erledigt. Ich sage mir, ich gebe meine Werte eben an seine Kinder weiter. Wir haben ein so inniges Verhältnis aufgebaut, dass mich das auch erfüllt.

Wir haben uns auf einem Colloquium getroffen, und komischerweise hat er mir seine ganze Trennungsgeschichte sofort erzählt, obwohl wir vorher überhaupt keinen näheren Kontakt hatten. Er stand noch total unter Schock. Als ich das erfahren habe, sind bei mir alle Sicherungen durchgebrannt. Ich wusste überhaupt nicht, wie mir geschieht. Ich hatte so lange auf den Moment gewartet. Ich habe ihm gesagt: Wenn du willst, können wir was trinken gehen. Und er hat sofort Ja gesagt, er hätte jetzt massenhaft Zeit, weil er seine Kinder im Urlaub nicht hätte. Und ich dachte nur: Wahnsinn.

Er hatte plötzlich kurze Haare. Daran habe ich erkannt, dass etwas passiert sein muss. Er hatte ja immer den langen Zopf, und ich war so scharf auf diese Haare. Das war für mich so was von sexy, der mediterrane, schwarzhaarige Mann mit diesem Zopf. Wie ein Mustang. Er ist überhaupt kein Mustang, aber das ist eine andere Geschichte. Und diese Haare, auf die ich so scharf war, waren nun abgeschnitten, aber dadurch hab ich erfahren, dass er plötzlich getrennt war. Die Haare waren ein richtiges Opfer.

Wir haben uns von Anfang an viel geschrieben. Das war außergewöhnlich. Das war so eine Briefromanze. Ein Verliebtsein, das sich übers Schreiben entwickelt hat. Zumindest für ihn. Denn ich war ja schon in ihn verliebt. Ich habe ihn im Studium kennengelernt und war von Anfang an in ihn verliebt. Er schwirrte immer als Phantasie in meinem Kopf herum. Ich hatte ein paar dieser Phantasie-Männer, vielleicht drei. Und dass man dann denjenigen erobert, nach so langer Zeit, das ist total krass. Wenn mir das jemand vorhergesagt hätte vor zehn Jahren, hätte ich das nie geglaubt.

Ich habe oft zwei Stunden an diesen Nachrichten geschrieben. Es war im Sommer, ich war alleine in Marseille und hatte das Gefühl, ich lese einen Liebesroman, an dem ich selbst schreibe. Ich habe diese ganz langen Nachrichten immer sehr genossen, es ging um alles Mögliche. Philosophie, Kochen, Liebe, alles. So hatten wir schriftlich alles austariert und uns über vieles ausgesprochen. Was man gern macht, wie man fühlt, welche Ängste man hat, was man im Leben erlebt hat. Seine Frau hatte sich gerade von ihm getrennt, und ich habe ihn aufgebaut, aber von Anfang an war klar, dass ich ihn auch anmache. Ich habe keinen Zweifel daran gelassen, dass ich ihn will. Und er wusste gar nicht, wie ihm geschieht. Am Anfang dachte er, dass ich nur mit ihm ins Bett wollte. Für mich war das schockierend. Klar wollte ich das, aber alles andere auch! Dann hat er mitbekommen, welches Ausmaß meine Wünsche haben. So Stück für Stück haben wir uns angefreundet. Man muss sich vorstellen, die erste SMS habe ich ihm ja geschrieben, da war er erst drei Wochen getrennt. Ich habe mir von Anfang an viele Gedanken gemacht. Sich einem Mann anzunähern, der aus einer jahrelangen Beziehung kommt, ist heikel. Sie waren 15 Jahre zusammen. Viele Männerfreunde haben mich davor gewarnt. Sie haben gesagt, dass sich der Mann nach einer Trennung seiner Gefühle nicht sicher ist und sich gern auf Liebschaften einlässt, aber auf nichts Festes. Jemand, der so verletzt ist, muss erst mal verarbeiten. Deshalb wollte ich ihn immer aufbauen und unterstützen und habe nichts von ihm erwartet.

Ich bin jetzt mit 35 angekommen und habe es geschafft den Mann zu treffen, mit dem ich mir vorstellen kann, den Rest meines Lebens zusammen zu sein. Es ist nicht das erste Mal, dass mir so etwas passiert, aber diesmal stimmt zum ersten Mal so viel. Da haben sich viele Wünsche plötzlich erfüllt. Es ist ein reifer Mann, der weiß, was er will, und fest im Leben steht. Er hat seine berufliche Laufbahn und hat die ganzen Dinge des Lebens gemanagt, ohne verloren zu sein. Er bringt eben auch Familie mit, und so habe ich plötzlich auch eine. Das verbinde ich auch sehr mit diesem Lebensjahr. Ich habe mich oft gefragt, wie das Lebensmodell aussieht, das ich gern leben würde im Gegensatz zu dem, das ich gerade leben muss. Es war ja lange Zeit im Schwanken. Ich habe als Singlefrau gelebt mit eigener Wohnung, ich habe einen liberalen Beruf, arbeite unabhängig und sehnte mich nach einer festen Beziehung. Gleichzeitig habe ich es genossen, meine Freiheit zu haben, gerade in sexueller Hinsicht. Wenn ich Männer kennengelernt habe und verliebt war, ging es mir gut. Aber wenn ich gerade niemanden getroffen habe, habe ich mich oft sehr allein gefühlt. Ich glaube, ich wollte immer mit jemandem zusammen sein, in welcher Form auch immer.

Es ist ein anderes Leben jetzt. Ich bin nicht mehr die große Schwester eines behinderten Mädchens. Jetzt steht die Rolle an, Ziehmutter zu werden für die Kinder meines Freundes. Das ist ein bisschen problematisch. Neulich waren wir bei Freunden eingeladen, und ich wurde plötzlich gefragt, in welchem Krankenhaus die Kinder geboren seien. Ich habe nur gesagt: Ich habe sie nicht zur Welt gebracht. Der Mann hat sich total geniert, hat sich entschuldigt und ich dachte nur: Oh nein, warum muss alles so kompliziert sein. Das ist eine komische Rolle. Die Kleine nennt mich manchmal Mama. Aber die Große findet das scheiße. Sie sagt, sie hat eine Mutter und ich sei die Stiefmutter, auf Französisch heißt das belle-mère. Warum kann ich nicht einfach nur Lia sein? Klar, mir gefällt, dass die Kleine Mama zu mir sagt. Sie hat keine Schwierigkeiten zu wissen, wer wer ist, sie macht sich nur das Leben einfach, das gefällt mir. Sie sagt Mama zu mir und Mama zu ihrer Mutter. Und ich finde das gut, denn ich hab keine eigenen Kinder, aber ich engagiere mich, als ob es meine Kinder wären, und ich will auch dieses Familiengefühl haben.

Mit seinen Kindern haben wir das behutsam aufgebaut.

Das war mir sehr wichtig, weil ich mich ja in die Lage versetzt habe, wie das ist nach der Trennung der Eltern. Das ist ein großer Schock für die Kinder. Ich bin erst mal gar nicht aufgetaucht in deren Leben und war nur mal so beim Kaffee dabei. Irgendwann haben die Kinder dann »herausgefunden«, dass ich sein »Schwarm« bin. Sie dachten, sie wären live dabei, wie wir uns ineinander verlieben. Sie haben wirklich gedacht, dass sie das Stück für Stück miterleben, und haben sich für ihren Vater gefreut und sind ausgeflippt, wenn ich ihn auf der Straße auf die Wange geküsst habe. Dann nach einem halben Jahr habe ich angefangen mit den Kindern etwas zu unternehmen, das kann ich ja gut. Ich habe mit ihnen Ausflüge gemacht oder mit ihnen gebastelt oder ihnen etwas gekauft. Er war häufig gar nicht dabei, und so hat sich das aufgebaut. Am Anfang habe ich auch nie bei ihm übernachtet. Bei der ersten Übernachtung war es dann problematisch und die Größere meinte, das wäre zu früh. Die Kinder sind neun und zwölf Jahre alt, zwei Mädchen. Als dann meine Schwester starb, habe ich eine Woche bei ihnen gewohnt, das war der nächste Schritt. Und jetzt ist es so, dass sie sich total auf mich freuen und mir entgegengerannt kommen, wenn wir uns wiedersehen, und wir waren jetzt auch drei Wochen mit ihnen im Urlaub. Da habe ich angefangen, nicht nur die nette Tante zu sein, sondern auch mal zu sagen: »Zähneputzen!« oder »Hört auf zu streiten!«.

Seit einem Jahr hat sich meine Situation schlagartig verändert, und ich bin total glücklich, denn diese Beziehung gibt mir sehr viel festen Boden unter den Füßen. Ich war immer sehr stark auf Emanzipation aus und hatte mir auferlegt, auch ohne Partner glücklich zu sein. Ich dachte immer, ich dürfte nicht von einem Partner emotional abhängig sein, und jetzt denke ich, dass es zum Sinn des Lebens dazugehört. Mein Leben macht viel mehr Sinn mit meinem Freund und den Kindern und seiner ganzen Familie. Es ist schön, sich zu stützen und sich auszutauschen und wirklich eine Partnerschaft zu bilden und nicht alles allein stemmen zu müssen. Das habe ich sonst immer gemacht. Ich kann das, aber es ist wunderschön, es nicht zu müssen. Man kann ja auch anstelle von »Ich liebe dich« sagen: »Ich brauche dich« oder »Ich will für dich da sein«. Es ist schön, dass ich jetzt mit Mitte 30 jemanden brauchen darf.

Ich fühle mich von der Welt getragen.

Katharina, Kunsttherapeutin,
über das Glück der Veränderung

Katharina betreut Sexual- und Gewaltstraftäter nach ihrer Entlassung und beschäftigt sich viel mit Methoden der Körpertherapie. Sie hat Bildende Kunst und Kunsttherapie in Halle, Paris und Dresden studiert. Seit ein paar Jahren wohnt sie allein in einer kleinen Wohnung im Dresdner Zentrum. Hinter dem Fenster sieht man Häuserblocks, dazwischen stehen ein paar große alte Bäume. Aus der Ferne dringt das Geräusch eines Rasenmähers. Es ist ein warmer Spätsommernachmittag. Wir setzen uns auf ein paar Kissen auf dem Wohnzimmerboden. Katharina ist eine schmale große Frau mit langem braunem Haar. Sie trägt ein Tuch um die Schultern und weite Stoffhosen. Sie ist ein eher schüchterner Mensch und bewegt sich mit verhuschter Leichtigkeit. Trotz ihrer Unsicherheit wirkt sie sehr fröhlich und aufgeschlossen. Sie würde gern eine Familie gründen, dafür fehlt ihr noch der richtige Mann. Sie beschäftigt sich mit der Frage, wie sie sich in ihrem Alltag trotzdem glücklich und geborgen fühlen kann.

An meinem Geburtstag bin ich früh aufgewacht und habe mir selbst gratuliert. Dann habe ich das Fenster weit aufgemacht, mich auf die Fensterbank gesetzt und mein Frühstück gegessen. Das ist für mich jeden Morgen ein total schöner Moment. Der blaue Himmel, die Bäume, das hat immer etwas Friedliches. Ich versuche gerade sehr stark im Moment und bei der Sache zu sein. Die alltäglichen Handlungen wertzuschätzen. Ich putze mir zum Beispiel einmal am Tag meine Zähne mit links. Das ist eine gute Übung, um Handlungsmuster zu durchbrechen. Wenn ich abwasche, versuche ich froh darüber zu sein, dass ich hier sauberes Wasser habe. Ich möchte scheinbar selbstverständliche Dinge besser wahrnehmen, weil ich schnell dazu neige, nur das zu sehen, was nicht funktioniert. Dieses Mangelgefühl ist mir sehr vertraut, und ich wollte dieses Betrachtungsmuster umtrainieren. Ich fühle mich ja nicht gut, wenn ich negative Gedanken habe und ständig nur über meine Probleme rede. Mein Wunsch war es deshalb, aus dieser Schiene herauszukommen und mehr Freude zu empfinden, mehr Leichtigkeit.

Vom Kopf her ist es leicht, sich zu sagen, was man hat: Ich habe eine Wohnung, Arbeit und Freunde. Aber schwierig ist es, das im Körper wirklich zu spüren. Das ist der viel größere Schritt. Und das geschieht nur langsam. Man muss erst mal üben, die Aufmerksamkeit auf die Dinge zu lenken, die gut laufen. Und dann weiter nachzuspüren und langsam diese Freude auch zu fühlen. Das ist ein echtes Geschenk an mich selbst.

Am Nachmittag habe ich im Garten von einer Freundin gefeiert. Mein Wunsch war es, einen Redekreis zu machen. Ich beschäftige mich gerade viel mit Ritualen, und das ist eine Art der Kommunikation aus der indianischen Tradition. Man sitzt im Kreis, es gibt einen Redestab, und wer ihn in der Hand hält, darf etwas zu dem gewählten Thema erzählen. Niemand redet dazwischen und es gibt keine blöden Kommentare. Wenn ich Teil von so einem Kreis bin, fühle ich mich wahnsinnig bereichert und beschenkt. So richtig aufgeladen. Das wollte ich gern auch mit meinen Freunden teilen. Ich dachte mir, wir sprechen über die Freude. Wir machen uns bewusst, was gerade gut läuft. Ich habe gesagt, dass es für mich eine große Freude ist, mit Menschen in Verbindung zu sein. Wenn ich spüre, besser verstehen zu können, was mein Gegenüber bewegt. Solche Momente finde ich schön. Seit ich 35 bin, fühle ich mich mehr gehalten in den Beziehungen, aber auch generell im Leben, als ob ich besser verbunden bin mit der Welt und mich auch physisch viel getragener fühle. Das ist eine Entwicklung der letzten Monate.

Früher habe ich mich oft fehl am Platz gefühlt. Ich habe gedacht, dass etwas mit mir nicht stimmt, mir etwas fehlt. Selbst mit engen Freunden hatte ich oft das Gefühl, losgelöst zu sein. Besonders große Angst hatte ich vor Gruppen. Ich dachte immer, das sei nichts für mich. Ich wollte zwar in Kontakt mit anderen sein, wusste aber nicht wie. Ich bin auch heute noch kein großer Gruppenfan, aber ich habe mir durch eine ehrenamtliche Tätigkeit im Jugendaustausch bewusst einen Kontext gesucht, der mich dazu zwingt, mich dieser Angst zu stellen. Da musste ich ständig Gruppen leiten und war mit ganz vielen Menschen regelmäßig eine Woche zusammen. Das war sehr bereichernd, denn ich musste immer wieder diese Ängste überwinden, und dadurch wurde es vertrauter und das Angstgefühl weniger. Und so habe ich mir neue Erfahrungsräume erschlossen. Ich glaube, so habe ich auch die Arbeit in der Justizvollzugsanstalt genutzt, um meine Ängste vor der Aggressivität abzubauen. Wie geht man damit um, wenn jemand lauthals vor sich hin schimpft? Das ist keine Arbeit, die ich mir gesucht habe, weil ich dachte, dass ich die so gut kann, nein. Ich wusste schon: Das ist krass, was ich hier mache. Das ist eine Aufgabe. Mir scheint es also leichtzufallen, solche Kontexte zu suchen, um meine Ängste zu überwinden.

In der Schule wollte ich entweder Kunst oder Psychologie studieren. Ich hatte zuerst die Zusage von der Kunsthochschule bekommen und habe in Halle an der Burg Giebichen-stein angefangen zu studieren. Doch schon in der Mitte des Studiums habe ich gemerkt, dass mich die Kunst nicht richtig erfüllt. Ich habe viel allein im Atelier gearbeitet und den Austausch mit anderen Menschen vermisst. So kam ich auf den Gedanken mit der Kunsttherapie. Nach dem Diplom habe ich in Dresden noch ein Aufbaustudium in Kunsttherapie und währenddessen viele Praktika gemacht, unter anderem auch in der JVA. Und die Arbeit mit den Männern im Gefängnis hat gut gepasst. Ich fand das zum Teil entspannter als bei den Praktika in den Kliniken. Alles ist verschlossen, aber dadurch sind die Bewegungsabläufe auch viel langsamer.

Ich finde es interessant, in einem Bereich zu arbeiten, in dem es um Freiheit geht. Meine Klienten sind äußerlich und sicher auch innerlich unfrei, und auf diese Weise spiegelt sich in meiner Arbeit auch ein persönliches Thema wider. Da sehe ich eine Verbindung. In der Haft vergeht viel ungelebte Zeit, die Lebenszeit verstreicht. Und ich weiß durch meine Erfahrungen, wie sich das anfühlt. Ich hatte jahrelang mit depressiven Verstimmungen zu kämpfen, und das hat ganz viel Energie gebannt. Ich habe sehr unter der Vorstellung gelitten, dass meine Freunde und Bekannten gerade ihr Studium meistern, und ich komme noch nicht mal aus dem Bett. Und allein dass ich das nicht mehr habe, dafür bin ich sehr dankbar. Ich bin inzwischen viel weniger ängstlich und fühle mich freier und freudiger. Das ist ein Riesengeschenk.

Ich arbeite in einem Verein, der auf Gewalt und Sexualstraftäter spezialisiert ist. Wir betreuen die Leute teilweise im Gefängnis und nach der Entlassung. Ich mache das seit vier Jahren, und es ist eine Herausforderung. Das ist kein Job, der langweilig wird. Im Moment betreue ich etwa 17 Klienten, einige davon sehe ich alle zwei Wochen, andere nur einmal im Monat, je nachdem, seit wann sie entlassen sind. Die meisten sind zwischen Mitte 20 und Mitte 30, das ist die Hauptgruppe. Viele haben echt schwere Wege hinter sich. Ohne aus den Augen zu verlieren, dass sie auch Täter sind, ist der Blick in ihre Kindheit oft gruselig. Da tun sich ganz andere Welten auf, das sind mitunter harte Geschichten.

Mein Ziel ist es, die Menschen auf ihrem Weg aus der Haft zu unterstützen. Es sind für mich berührende Momente, wenn ich den Eindruck habe, jetzt ist mein Gegenüber gut mit sich selbst in Kontakt und traut sich etwas Neues. Es gibt Leute, die kommen gern, die sind humorvoll und phantasiebegabt. Andere empfinden diese Treffen als starken Zwang. Klar, ich arbeite ja in einem Zwangskontext, die wenigsten kommen freiwillig. Sie sind sehr oft misstrauisch. Es dauert ziemlich lange, bis sie Vertrauen fassen und merken, dass ihnen die Therapie etwas bringen kann. Ich habe selten Angst vor einem Klienten. Aber Respekt habe ich. Vor allem davor, was in den Menschen schlummert. Auch wenn sich Gewaltstraftäter ja eher durch eine mangelnde Impulskontrolle auszeichnen, erlebe ich sie trotz allem als sehr kontrolliert. Sie schlucken viel runter, bis zu dem Moment, in dem sie nicht mehr können und alles aus ihnen rausbricht, dieser ganze Ärger, der nie gelebt wurde. Davor habe ich großen Respekt, das aushalten zu können.

Ich habe mich lange isoliert gefühlt, selbst wenn Menschen um mich herum waren. Da war etwas wie eine Mauer dazwischen, die anderen waren für mich nicht erreichbar. Besonders als ich für ein Jahr in Paris studiert habe, ging es mir oft nicht gut. Ich habe mich in meinem Lieblingspark in die Sonne gesetzt und für fünf Minuten nur meinen Atem gehört. Das waren die Anfänge von Meditation. Dann habe ich Yoga gemacht, um ein besseres Körperbewusstsein zu bekommen. Das ist mir wichtiger geworden in den letzten Jahren. Ich war früher sehr verkopft und habe nie viel Sport gemacht. Und über das Yoga bin ich intensiver in Kontakt mit der Meditation gekommen. Ganz oft denken Menschen, man würde sich durch Meditation von der Welt entfremden. Aber das Gegenteil ist der Fall. Ich glaube, dass Meditation in ihrer kraftvollen Form einen immer ins Hier und Jetzt führt. Sie bringt einen in Kontakt mit sich und seiner Umgebung, gerade weil das Bewusstsein auf den Körper gelenkt wird. Denn der Körper kann ja nur im Hier und Jetzt sein. Weder in der Zukunft noch in der Vergangenheit. Und dadurch lenkt man das Bewusstsein auf die Gegenwart.

Ich profitiere bei meiner Arbeit als Therapeutin sehr davon, in Kontakt mit meinem Körper zu sein. So kann ich mich selbst gut spüren und habe eine Verankerung. Ich achte darauf, dass es mir gut geht in der Situation. Und das hat automatisch einen Effekt auf das Gegenüber. Manchmal meditieren wir auch zusammen. Beim Meditieren sitzt man total still. Das ist zwar gut, weil vieles hochkommen kann. Aber ich habe weitergesucht und das Qui Gong entdeckt. Da wird der Körper in der Bewegung genutzt und darüber können sich auf einer körperlichen Ebene Blockaden auflösen. Denn all unsere Erfahrungen sind ja im Körper gespeichert. So kann man davon ausgehen, dass bestimmte Erfahrungen auch dazu geführt haben, dass wir an manchen Stellen Verspannungen haben. Aus Angst haben sich die Muskeln zusammengezogen, und wenn wir eine Erfahrung oft genug gemacht haben, ist das in unserem Körper eingebrannt. Dann sind bestimmte Muskelgruppen einfach fest. Und ohne dass ich das unbedingt mit dem Kopf verstehen muss, kann ich im Körper neue Impulse erhalten und andere Spuren legen. Ich kann mehr Weite und Beweglichkeit schaffen.

Denn wenn ich mich körperlich freier fühle, fühle ich mich auch seelisch entspannter. Das hängt eng zusammen.

Ich hatte früh den Wunsch nach Religiosität. Ich selbst bin atheistisch aufgewachsen und fand das blöd. Damals dachte ich, wenn man den Glauben nicht als Kind mitbekommen hat, kriegt man das nie hin. Aber ich habe mich immer wieder mit Religion beschäftigt. Ich mag Kirchen, ich habe mich viel mit gotischer Baukunst beschäftigt, war auch eine Zeitlang in Gottesdiensten, um zu schauen, ob das was für mich ist. Aber im Christentum ist diese Verbindung zu Gott rein geistig, die materielle Welt hat wenig Raum. Der Leib ist etwas Schlechtes, und da bieten Naturvölker eine ganz andere Grundeinstellung. Dort ist der Mensch noch mehr verbunden mit der Natur, er wird nicht über die restliche Schöpfung gestellt, sondern ist Teil des Ganzen. Das hat mich sehr angesprochen, und ich glaube, das hat etwas mit meinem Wunsch nach Gemeinschaft zu tun.

Wir tragen alle Masken und Fassaden vor uns her, und jeder denkt, er muss stark sein, aber ich finde, es gibt Momente, in denen man sagen muss: »Mich überfordert das gerade. Davor habe ich Angst.« In diesen Momenten spüre ich eine Verbindung zu anderen Menschen, weil ich merke, dass es ihnen auch so geht. Es scheint wohl etwas zu sein, womit wir alle zu kämpfen haben, und es macht mich wahnsinnig traurig, dass jeder da so allein mit sich kämpft. Wir leben in einer Welt, in der viele denken, man müsste alles allein können. Wir sind doch Herdentiere, waren wir zumindest mal. Wir wären allein überhaupt nicht überlebensfähig. Wir brauchen andere Menschen. Ist es nicht okay zu sagen, wir machen das zusammen, ich bin jetzt für dich da?

Schon in meiner Jugend habe ich mich für Philosophie interessiert und viel gelesen. Während des Studiums habe ich gemerkt, dass ich in der theoretischen Auseinandersetzung zwar gut bin. Aber ich wollte nicht mehr nur über die Dinge lesen, sondern sie auch selbst lernen, sozusagen in der Erfahrung, in der Praxis. Dadurch hat sich auch mein Verständnis vom Lernen verändert. In der Schule lernen wir Fakten auswendig. Man liest ein Buch und schreibt es auf. Da geht es nie darum, durch eine Erfahrung etwas zu verinnerlichen. So ist der Wunsch entstanden, dass ich mehr gelebtes Wissen sammeln will. Ich will das selbst erfahren und nicht nur das Wissen anderer studieren.

Ich bin in Veränderung, das macht mich glücklich. Daran kann ich mich erfreuen. Wenn ich merke, dass sich Dinge auflösen, die ich jahrelang mit mir rumgeschleppt habe. Zum Beispiel dieses Einsamkeitsgefühl bin ich losgeworden. Das ist toll. Und trotz allem hat das auch einen Schrecken in sich. Ich merke plötzlich, wie wenig Dinge ich wirklich noch brauche. Vieles, wovon ich früher dachte, dass ich mich danach sehnen würde, brauche ich gar nicht mehr. Und so hat diese innere Freiheit mitunter auch etwas Beängstigendes. Bestimmte Verhaltensweisen, selbst wenn sie schädlich sind, haben ja auch immer eine Funktion. Wenn die wegfallen, was kommt stattdessen? Das ist jetzt banal, aber mir geht das manchmal so beim Einkaufen. Es gibt nur noch ganz wenig, was ich brauche. Das ist einerseits befreiend, aber dann denke ich: Krass, dieser Konsumkram interessiert mich gar nicht. Den finde ich sogar ziemlich schrecklich. Ich will nur eine kleine Sache, mehr nicht. Und trotzdem gibt es diesen Automatismus: Ich schaue noch einmal hierhin und dorthin und denke: Es muss doch noch mehr geben, was ich einkaufen kann. Aber es gibt nichts. Es reduziert sich eher. Ich habe neulich das erste Mal selbst Waschmittel gemacht. Wenn ich mir vorstelle, dass ich nie wieder diese ollen Plastikbehälter kaufen muss, bei denen ich mich hinterher ärgere, dass ich schon wieder so viel Plastikmüll habe, macht mich das zufrieden. Und gleichzeitig denke ich: Okay, auch das brauche ich nicht mehr. Wir alle wünschen uns Freiheit, aber tatsächlich innerlich frei zu sein von den Dingen ist eine permanente Herausforderung.

Bei den Männern ist es ähnlich. Ich habe eigentlich diese Sehnsucht nach einer Partnerschaft. Gleichzeitig habe ich eine Heidenangst davor, allein zu sein. Aber ich bin ja allein, ich mache das ja schon die ganze Zeit. Es macht mir eben auch Angst, von bestimmten Vorstellungen loszulassen, von denen ich dachte, so muss das sein. Meine Eltern waren da ein Vorbild, an dem ich mich orientiert habe. Sie haben sich im Studium kennengelernt, geheiratet, Kinder gekriegt. Jetzt hatten sie ihren 40. Hochzeitstag. Und ich dachte, dass das auch für mich so sein wird. Aber nun ist es anders und das ist ziemlich schmerzhaft, denn ich habe das Bedürfnis nach mehr Nähe und möchte mit jemandem den Alltag teilen.

Diese Sehnsucht kommt meistens, wenn ich abends nach der Arbeit nach Hause komme und den Tag gern mit jemandem ausklingen lassen will, ohne dass ich mich verabreden und woanders hinfahren muss. Und ich vermisse diese körperliche Nähe, einfach neben jemandem einzuschlafen. Ich denke, das wird total unterschätzt. In Bezug auf Körperkontakt leben wir in einer absoluten Mangelgesellschaft. Ich glaube, wir brauchen viel mehr davon. Ich spreche jetzt nicht von Sexualität, sondern einfach von körperlicher Nähe. Damit wir uns wohlfühlen, ist Körperkontakt enorm wichtig. Und das hat viel zu wenig Raum. Das ist fast ausschließlich in diese Partnerschaftsgeschichte reingezwängt. Ich glaube, daher kommt auch so eine Sehnsucht, weil es so wenig Möglichkeiten gibt, das woanders auszuleben. Wir leben sehr isoliert voneinander. Allein unter Freunden mehr Körperkontakt zu haben, ist nicht einfach. Es wäre doch schön, sich mal aneinander anzulehnen, ohne dass es gleich sexualisiert ist.

Dass man nicht nur die seelische Unterstützung hat, sondern einfach spürt: Da ist jemand, der mir den Rücken stärkt.

Es gab Zeiten, da war die Sehnsucht so stark, dass ich sehr darunter gelitten habe. Es ist ein Bereich in meinem Leben, der sich jetzt noch nicht erfüllt hat, und das ist traurig. Ich hatte letztes Jahr eine schöne Beziehung, aber es war nicht möglich, das dauerhaft zu leben, weil er keine Kinder mehr möchte. Wir hatten zwar ähnliche Vorstellungen davon, was in einer Beziehung wichtig ist, haben gut harmoniert, und ich bereue keine Sekunde. Aber es ist traurig, dass wir das gehen lassen mussten. Ich habe gespürt, dass ich noch nicht bereit bin, den Kinderwunsch aufzugeben. Und er ist an dem Punkt, dass er sagt: Ich habe das schon gehabt und möchte es nicht noch einmal. Und das ist okay. Aber so haben wir uns entschieden, wieder getrennte Wege zu gehen. Und auch wenn ich jetzt weine, hat diese Beziehung mit ihm nochmal ganz viele Selbstzweifel ausgelöscht. Denn wenn man fast zehn Jahre keinen Partner hatte, macht man sich Gedanken, ob man zu hohe Erwartungen hat oder einfach nicht beziehungsfähig ist. Es gab ja Männer, die an mir interessiert waren, aber ich habe gemerkt, dass passte mir nicht. Aber seitdem hat sich noch nichts Neues ergeben. Wenn ich darüber nachdenke, macht mich das traurig. Denn es wäre schöner, mit jemandem zusammen zu sein und auch diesen Lebensbereich leben zu können.

Eines meiner Lebensziele ist, mehr innere Freiheit zu haben. Innere Freiheit bedeutet für mich, meinen inneren Impulsen nachzugehen. Das heißt, nicht aus Angst vor Fehlern oder Ablehnung Dinge nicht zu tun. Ich will der Stimme mehr Gehör verschaffen, die mir sagt, was mir guttut. Ich möchte mich vor allem von dem Leistungsdruck befreien. Ich muss mir nichts beweisen oder bestimmte Dinge allein schaffen. Früher dachte ich, als Erwachsener muss man allein leben können. Ich hatte diese seltsame Vorstellung. Heute bin ich dankbar für die Erfahrung, aber mittlerweile finde ich den Gedanken schon komisch. Innere Freiheit bedeutet, sich von vermeintlichen Ansprüchen an sich selbst oder von Erwartungen der Gesellschaft loszumachen und zu schauen, wie man selbst es eigentlich haben möchte. Auch wenn es gegen die eigenen oder die Vorstellungen von anderen geht. Ich möchte den Mut haben, das zu tun, was mir gerade richtig erscheint. Das ist für mich innere Freiheit.

IM BAUMARKT

An einem nasskalten Dezembertag machen wir uns auf dem Weg zum Baumarkt. Sie braucht Schleifpapier und Farbe für einen alten Schrank, den sie in ihre Wohnung stellen will. Stauraum ist neuerdings das Schlagwort. In wenigen Wochen wird ihr Freund mit seinem Sohn einziehen. Adios Ruhe, Ordnung und zelebrierte Einsamkeit. Tschüss unbeobachtetes Alleinsein.

Wir stolpern ziellos durch die Gänge, vorbei an Badarmaturen und Fenstersystemen, Schrauben, Scharnieren, Klemmlampen und Korbstühlen. Wir sind erstaunt darüber, dass wir es bislang offenbar geschafft haben, ohne all diese Dinge zurechtzukommen. Ein Mann und eine Frau stehen vor einem Waschtisch. Er misst mit einem Zollstock die Seitenlängen ab, sie starrt in die Luft. »Stabil ist er ja!« Hier werden Entscheidungen für die Ewigkeit getroffen. Unschlüssig greife ich in eine Kiste und hole eine Handvoll Schrauben heraus. Ich könnte jetzt versuchen, anhand ihrer Konstellation unser Schicksal vorauszusehen. Schicksal, was für eine altmodische Vorstellung. Aber so wunderlich mir diese Idee erscheint, dass irgendeine diffuse Macht auf unser Leben einwirkt, so gefällt mir neuerdings auch der Gedanke, dass wir bestimmte Dinge nicht entscheiden können, auch wenn wir inzwischen mehr Möglichkeiten haben, Ja und Nein zu sagen.

Vor wenigen Monaten sind wir zusammen durch halb Deutschland gefahren, haben Frauen in Schmalkalden, München, Hannover und an der Ostseeküste getroffen, wir haben

Geschichten über das Suchen und das Ankommen gehört, über die Sehnsucht, seinen Platz zu finden und ihn zu gestalten. Wir ließen uns erklären, warum eine offene Beziehung glücklich macht, wieso Surfen besser sein soll als Sex und wie es ist, samstags in einem thüringischen Bergdorf zu hocken. Wir standen in WG-Zimmern, Einfamilienhäusern und winzig kleinen Stadtwohnungen, wir saßen auf Sofaecken, warteten zwischen Kindergeschrei und Telefonklingeln auf eine ruhige Minute und streichelten einige Haustiere. Wir hörten zu, angetrieben von nichts als unserem Interesse, wie andere Frauen mit Mitte 30 ihr Leben gestalten, was sie sich wünschen und was sie vielleicht bereuen und wie sie diese Station in ihrem Leben gerade empfinden.

Dabei war natürlich die Frage nach Kindern und Familie sehr präsent. Wir haben viele Variationen des Themas kennengelernt und fühlten uns dieser komplexen Frage verpflichtet, auch wenn sie uns mehr als einmal zum Hals herausgehangen hat – das Zweifeln an den eigenen Wünschen, das Grübeln über die vielen Konsequenzen, die Angst davor, Kontrolle abzugeben, oder das Eingeständnis, auch mit Kindern nicht glücklicher zu sein als vorher. Mag es an der biologischen Uhr und an dem sozialen Anpassungsdruck liegen, es ist das zentrale Thema für Frauen mit Mitte 30. In dieser Frage scheinen oft viele andere Wünsche, Hoffnungen und Ängste plötzlich zu kulminieren. Dahinter verbirgt sich die simple Erfahrung, dass unser Glück von anderen Menschen abhängt. Wir sind soziale Wesen. Und dennoch waren wir ziemlich überrascht, dass sich diese Erkenntnis bei Frauen Mitte 30 oft an den Wunsch nach einer klassischen Familie koppelt. Wir waren erstaunt, wie stark das traditionelle Familienbild noch in den Köpfen verankert ist. Vor allem aber hat uns verwundert, wie wichtig es zu sein scheint, seinem Umfeld auch ein privat erfolgreiches Leben präsentieren zu können. Das Gefühl, glücklich zu sein, ist in unserem Alter offenbar nicht nur eine Frage der persönlichen Innenansicht, sondern hängt auch davon ab, inwieweit unser Lebensstil in den Augen anderer als gelingend und wertvoll interpretiert wird. Es verlangt ein starkes Selbstbewusstsein und eine gewisse persönliche Autarkie, sich von den Ansprüchen des Umfeldes frei zu machen. Kinder zu bekommen schafft hohe Anerkennung. Frauen ohne Kinder gelten, wenn nicht als defizitär so zumindest als verdächtig, einen hedonistischen und geradezu unverantwortlichen Lebensstil zu pflegen. Warum? Es gibt noch immer zu wenig bekannte alternative Rollenbilder, und nur wenige der Frauen mit Mitte 30, die wir getroffen haben, scheinen Interesse daran zu haben, die klassischen Rollenbilder zu hinterfragen.

Ich schüttele die Schrauben noch ein wenig in meiner Hand. So ein Schrauben-Orakel wäre jetzt genau das Richtige, um zu sehen, wie schnell sich die Dinge ändern können. Vor einem halben Jahr hätte die Komplizin eher darauf gewettet, irgendwann als eine Mischung aus Erika Berger und Miss Marple in die Geschichte einzugehen, als plötzlich schwanger im Baumarkt zu stehen. Und ich kann nicht sagen, dass sie jetzt glücklicher aussieht als früher.

Wir können nicht entscheiden, zum richtigen Zeitpunkt jenen Menschen zu treffen, mit dem wir das Leben führen, von dem wir glauben, dass es glücklich macht. Wir haben es nur bedingt in der Hand, ob das Ja zur Karriere jene Früchte trägt, die wir uns erhoffen. Nur weil wir mehr Möglichkeiten haben, heißt das nicht, dass die von uns getroffene Wahl Erfolg verspricht. Aber wir können mutig sein. Wir können die Chance am Schopf packen und nicht die Zweifel ein Nein diktieren lassen. Auch wenn uns im Baumarkt das Versprechen der ewigen Haltbarkeit aus jedem Gang zuwinkt, wissen wir mit Mitte 30 vielleicht zum ersten Mal, dass nichts für immer bleibt. Und das ist eine gute Nachricht.

Alle Frauen, die wir für dieses Buch getroffen haben, hatten formal nur eines gemeinsam: Sie waren zum Zeitpunkt unseres Gespräches 35 Jahre alt. Aber selbst ohne einen standardisierten Fragenkatalog, ohne einen Gesprächsleitfaden waren die Themen doch erstaunlich ähnlich, auch zwischen den Zeilen: Die Menge der Möglichkeiten war erst vielsprechend, dann lähmend. Jetzt, mit Mitte 30, ist sie ausgedünnt und zugeschnitten. Und selbst wenn der Weg bereits beschritten wird, gehen wir nicht mehr leichtfüßig in Schlangenlinien, denn wir wissen, dass Abzweigungen auch in die Irre führen können. Wir wollen keine Zeit mehr verplempern an Nebenschauplätzen. Wir werden radikaler in der Auswahl unserer Freunde. Wir fühlen uns plötzlich offiziell erwachsen. Denn wir spielen jetzt definitiv bei den Großen mit. Jede Frau merkt jetzt mehr denn je, was es heißt, nicht normgerecht zu leben, selbst wenn sie scheinbar ein ganz normales Leben führt. Genau diese Erfahrung, die Abweichung von der Norm, ist es, die manche Menschen Mitte 30 vielleicht zum ersten Mal machen. Denn bis Anfang 30 blieben die eigenen Entscheidungen eingeordnet in eine Entwicklung, in der es vor allem um die berufliche Zukunft geht. Doch nach dieser Phase setzt jetzt eine Zeit ein, in der sich unser Leben viel individueller gestaltet. Dazu gehört der Wunsch nach Kindern oder die Entscheidung, keine eigenen auf die Welt bringen zu wollen, genauso wie der Mut, auf die berufliche Selbstverwirklichung zu setzen, auch wenn der Weg finanziell riskant oder gesellschaftlich wenig akzeptiert ist. Wir sind verantwortlich für unser Leben. Und auch wenn wir immer Töchter bleiben werden, sind wir spätestens jetzt nicht mehr der Erwartung unserer Eltern verpflichtet, sondern müssen unsere Entscheidungen nur noch vor uns selbst verteidigen.

Keine der Frauen wollte die Zeit zurückdrehen und noch einmal Anfang 20 sein. Kaum eine hat sich über Falten oder Fett beschwert – im Gegenteil. Fast alle waren sich einig, dass der Körper jetzt viel schöner ist, viel spürbarer als noch vor Jahren. Viele Frauen fühlen sich in ihrem Körper angekommen. Sie wissen, was es bedeutet, sich selbst vertrauen zu können, und dieses Gefühl gibt ihnen das Selbstbewusstsein, das die Voraussetzung für Veränderung ist.

Ich werfe das Schrauben-Orakel wieder in den Kasten und gehe zurück zu meiner Komplizin, die inzwischen bei den Küchenbrettern gelandet ist. Sie will schnell noch eine neue Arbeitsplatte kaufen. Die Maße hat sie im Handy notiert. Hektisch sucht sie jetzt die Notiz und hofft insgeheim, dass die Welt in einem Jahr schon wieder anders aussieht, am besten weniger unübersichtlich und kompliziert, als es die Entscheidung für eine vermeintlich ewige Arbeitsplatte gerade von uns verlangt.

Und so irritiert wir hier gerade vor den Regalen stehen, so wissen wir doch beide sehr genau, dass diese Unsicherheit bald wieder verschwunden sein wird. Die Zweifel, Ängste und Wünsche wechseln mitunter schneller, als wir hinterherkommen. Mag die aktuelle Lebenssituation sich furchtbar verstrickt anfühlen, ahnen wir doch, dass nichts bleibt, wie es ist. Kein Grund zur Panik also. Und so sind eben auch diese Porträts nur Momentaufnahmen, deren Relevanz nicht durch eine besondere Ausnahmesituation entsteht. Sie sind lesenswert, weil hier ein paar Frauen erstaunlich offen über sich sprechen. Manche von ihnen befinden sich inzwischen schon wieder an einem ganz anderen Punkt in ihrem Leben. Annika aus Schmalkalden ist umgezogen in eine Stadt mit Sushi und Kino. Katarina liegt zwar immer noch häufig nachts wach, weil sie nicht weiß, wovon sie leben soll, aber die Galerie läuft besser als geahnt. Sarah, die Angst hatte, nicht mehr schwanger zu werden, bekommt nun ein Kind von ihrem neuen Freund aus Frankreich. Luiza ist dem Berliner Winter entflohen und geht in Indonesien surfen, während sie auf das nächste Jobinterview irgendwo zwischen Mikronesien und Singapur wartet. Edda hat inzwischen mit einem anderen Mann geschlafen und genießt die heimlichen Ausflüge in andere Welten.

Auf dem Weg zurück nach Hause halten wir an einem kleinen Asia-Imbiss. Es ist kalt, wir sind erschöpft. Die Kellnerin lächelt, aber dieses Lächeln bedeutet keine Freundlichkeit, sondern einfach nur höfliche Distanz. Auf dem Gehweg vor dem Fenster torkeln ein paar Betrunkene vorbei. Wir stehen in dem kleinen Vorraum, bibbern und löffeln unsere Hühnersüppchen. Auf dieser Straße haben wir damals unsere Räder geschoben, als wir die Idee zu dem Buch hatten. Es war einer dieser matten Herbstabende, an denen die Sehnsucht wieder um so viel stärker war und wir völlig erschöpft doch einfach nur nach Hause liefen, statt auf Weltreise zu gehen. Wir müssen sehr hungrig ausgesehen haben, denn ein Obdachloser am Straßenrand bot uns sein altes Brot an. Wir lehnten dankend ab und schoben weiter, von einem Leben träumend, das so viel größer ist, als wir es jemals sein können.

Am nächsten Tag schleppen wir die Arbeitsplatte in ihre Küche. Doch wie bereits befürchtet, stimmen die Maße nicht. Die Platte ist zu breit und ragt über die restlichen Schränke hinaus. Pech gehabt. Lachend tragen wir sie wieder zum Auto. Ab zum Baumarkt. Zurück auf Los.

Dank

Wir danken allen Frauen für ihr Vertrauen, ihre Offenheit und ihre Zeit. Auch wenn nicht alle Gespräche hier abgedruckt werden konnten, war jede einzelne Begegnung für das Buch wichtig.

Danke auch an Daniel und Mirko für ihre Geduld und ihre Beratung. Außerdem möchten wir dem Ch. Links Verlag danken und unserer Lektorin Johanna Links, die sich von Anfang an für dieses Buch stark gemacht hat.

Zu den Autorinnen

Christine Färber

Jahrgang 1978, Studium der Germanistik, Anglistik und Journalistik an der Universität Leipzig; lebt in Leipzig und arbeitet als freie Autorin und Redakteurin für Radio und Fernsehen.

Simone Unger

Jahrgang 1982, Studium der Kulturwissenschaften an der Universität Hildesheim und in Marseille, arbeitet als freie Autorin für Radio und Fernsehen, lebt in Leipzig.

Anya Steiner
Mutter, Spender, Kind
Wenn Singlefrauen
Familien gründen

224 Seiten, Broschur
ISBN 978-3-86153-821-9
18,00 € (D); 18,50 € (A)

Immer mehr Frauen gründen heute Familien ohne einen festen Partner. Warum entscheiden sie sich dafür? Welche Möglichkeiten stehen ihnen zur Verfügung? Was bedeutet das für die Kinder und für unsere gesamtgesellschaftliche Entwicklung? Darauf antworten die Frauen, Männer und Experten in diesem Buch.

»Selbst wenn einen als Leser das Thema nicht unmittelbar betrifft, durch die persönlichen Erzählungen der Frauen steigt man sofort emotional mit ein. (…) Auf der Grundlage dieser Schicksale gibt das Buch Einblick in die Bedingungen, Hürden und Methoden der verschiedenen Kinderwunschbehandlungen.«   *Berliner Zeitung online*

www.christoph-links-verlag.de

Ch.Links

Eric Breitinger
Späte Kinder
Vom Aufwachsen
mit älteren Eltern

232 Seiten, Broschur
ISBN 978-3-86153-850-9
18,00 € (D); 18,50 € (A)

Ein Kind später Eltern zu sein, hat Vor- und Nachteile. In jedem Fall prägt es für das ganze Leben. Eric Breitinger versammelt zum ersten Mal Erfahrungen erwachsener spätgeborener Kinder, zieht Expertenstimmen und Forschungsergebnisse hinzu und lässt seine eigene Geschichte mit einfließen. Ein Impulsgeber für Eltern und Kinder.

»Der Journalist Eric Breitinger hat rund 25 Betroffene befragt und sein einfühlsames Werk mit Forschungsergebnissen und Tipps angereichert. Sein Buch plädiert für mehr Offenheit zwischen Eltern und späten Kindern – und für mehr Mut, in jüngeren Jahren Kinder zu bekommen.« *General-Anzeiger*

Ch.Links

www.christoph-links-verlag.de